英语教学信息化发展新探

王　希◎著

文化发展出版社
Cultural Development Press
·北京·

图书在版编目（CIP）数据

英语教学信息化发展新探 / 王希著 . -- 北京 : 文化发展出版社，2024. 7. -- ISBN 978-7-5142-4402-1

Ⅰ . H319.3

中国国家版本馆 CIP 数据核字第 2024FE4958 号

英语教学信息化发展新探

王　希　著

出 版 人：宋　娜

责任编辑：袁兆英　　　　　责任校对：岳智勇

责任印制：邓辉明　　　　　封面设计：张秋艳

出版发行：文化发展出版社（北京市翠微路 2 号 邮编：100036）

网　　址：www.wenhuafazhan.com

经　　销：全国新华书店

印　　刷：天津和萱印刷有限公司

开　　本：710mm × 1000mm　1/16

字　　数：200 千字

印　　张：10.25

版　　次：2025 年 1 月第 1 版

印　　次：2025 年 1 月第 1 次印刷

定　　价：72.00 元

I S B N：978-7-5142-4402-1

◆ 如有印装质量问题，请电话联系：010-58484999

前 言

随着社会的发展和科技的进步，一系列先进的信息技术被逐渐运用于教育领域。英语是一门基础性学科，又是一种非常重要的语言交际工具，将信息技术运用于英语教学领域，已成为实施国家“教育信息化”战略的措施。因此，今后一段时间，利用现代信息技术推动学科交叉融合发展、促进英语学科人才的培养，将在英语教学研究和实践中发挥重要作用。

英语教学信息化意味着英语教育体系和教学方法的改革创新。信息化与英语教学是相互影响、相互促进的。信息化成为推动英语学科教学发展的新型手段，其在一定程度上改变了英语学科的教育理念、教学方法和教学效果。同时，英语学科又成为信息化教育实施的平台，从而使信息化教育获得实践运用。因此，信息化教育教学模式逐渐在教育领域得到推广应用，为教育工作者革新教育教学理念、方式和方法提供了指导，并有效提升了教育教学质量及工作效率。

作为英语教学工作者，尤其是英语教师，应该深入推动英语信息化教育和英语教学信息化的实施及发展，为英语教育教学领域提供新型的信息资源、研究工具及方式方法。因此教师要真正接纳信息化教学改革、提升自己的信息化素养、重新定位自己在英语教学中的角色，如此才能真正发挥信息化教育的优势。

本书共五章。第一章为信息化教育概述，分别介绍了信息化教育的定义、信息化教育的理念与原则、信息化教育与传统教育的区别及信息时代教育媒体的发展四个方面的内容；第二章为信息技术与英语教学的深度融合，主要介绍了三个方面的内容，依次是英语教学资源的信息化、英语教学平台的信息化、英语教学信息化软硬件的融合；第三章为信息化背景下的英语教师素质培养，分别介绍了三个方面的内容，依次是英语教师的角色定位、英语教师的教学能力构成、英语教师的信息素质培养策略；第四章为英语教学信息化模式的发展，依次介绍了英语自主学习模式、英语混合式教学模式、英语体验式教学模式三个方面的内容；

第五章为信息化环境下的英语教学策略优化，主要介绍了四个方面的内容，分别是信息化环境下的英语词汇和语法教学策略、信息化环境下的英语听说教学策略、信息化环境下的英语阅读教学策略、信息化环境下的英语写作教学策略。

在撰写本书的过程中，笔者得到了许多专家学者的帮助和指导，参考了大量的学术文献，在此表示真诚的感谢！本书内容系统全面，论述条理清晰、深入浅出。

限于笔者水平，本书难免存在一些疏漏，在此，恳请同行专家和读者朋友批评指正！

王　希

2023 年 5 月

目录

第一章　信息化教育概述

本章内容为信息化教育概述，主要从四个方面进行了阐述，分别是信息化教育的定义、信息化教育的理念与原则、信息化教育与传统教育的区别、信息时代教育媒体的发展。

第一节　信息化教育的定义

“信息化教育学”作为新兴的研究学科，其中有关信息化教育定义的研究仍在不断更新，呈现复杂化的特征。因此，掌握信息化教育学及其学科结构，并且对信息化教育作出明确定义，这都是必须优先解决的重要问题。本书主要通过研究美国教育哲学家谢弗勒关于教育语言的观点，对信息化教育定义进行详细解释。

一、教育语言中定义的类型

1960 年，美国教育哲学家伊斯雷尔·谢弗勒（Israel Scheffler）在其出版的《教育的语言》一书中，在运用分析哲学方法的基础上，依据教育言论中有关定义的性质，将定义分为描述性定义、规定性定义、纲领性定义[①]。

（一）描述性定义

描述性定义是指对被定义对象的适当描述，如对被定义对象的构成要素、功能作用、如何使用等做出适当说明，其功能是解释。描述性定义并不是一种“我将用这个术语表示什么”的观点，而是对术语或使用该术语的方法进行适当的界定。在词典中，我们通常看到的是有关描述性定义的列举。由于某些词汇在不同的语境下具有不同的用法，因此它们具有多个含义；一个词的含义又会随着时间的推移而发生变化；同时，一个词本身的含义也可能是模糊的。因此，描述性定义往往会出现含糊不清的情况。以“教育”的定义为例，其描述性定义如下：“凡

① 瞿葆奎．教育与教育学[M]. 北京：人民教育出版社，1993.

是增进人们的知识和技能，影响人们的思想品德的活动都是教育”“教育指教育者根据一定的社会或阶级的要求，有目的、有计划、有组织地对受教育者身心施加影响，把他们培养成一定社会或阶级所需要的人的活动”“教育是在一定的社会背景下发生的促使个体的社会化和社会的个性化的实践活动”。[①] 上述定义基本上都是从教育功能的角度对教育进行定义的。

（二）规定性定义

规定性定义的出现是为了叙述和表达的方便而指定某些词语代替某一词语，或者规定某一词语所代表的意义，其功能是交际。例如，规定“A”代表“一等”；一个人为了叙述的方便可以这样说：“教育的概念有多种，我们所说的教育是指传递人类文化遗产的有目的的社会实践活动。”规定性定义有创造性和非创造性之分。例如，“甲”代表“优秀”是非创造性的规定性定义，因为历史上人们已经这样规定了。

如果规定性的定义是由作者亲自“创造”的，那么在特定的语境下，它的内涵始终保持一致。因此，这个被定义的术语在后续的讨论中，必须始终代表这种规定性的含义。换句话说，无论其他人使用的某一定义具有何种含义，这里所采用的正是这一规定性的含义，因此它可以被视为一个创造性的规定性定义。以“教育”的定义为例，其创造性的规定性定义如裴斯泰洛齐认为“教育是人的一切知能和才性的自然的、循序的、和谐的发展”；杜威认为“教育是一种通过使未成熟者参与其所属团体的生活而引导并确保其发展的社会功能”；雅斯贝尔斯认为“教育是人对人的主体间灵肉交流的活动”。[②] 当代诗人、文化学者张修林在《谈教育》一文中有如下解释：“所谓教育，应当是作为对社会文化的传授、传播。”[③]

（三）纲领性定义

纲领性定义界定的是一个方案，指向实践，它或隐或显地告诉人们事物应该成为的样子，是一种有关定义对象应该是什么的界定，其功能是陈述一种价值规范。因而，它是教育中常见的定义。教育中词语的定义往往是讨论新的教育方案、教育方法、教育目的和教育内容的工具。

以教育的定义为例，无论古代还是现代，无论国内还是国外，对教育的定义都存在一个普遍的观点：将教育视为一种培育人的过程，这被认为是教育的“本

① 马启龙．信息化教育学原理[M]．兰州：甘肃人民出版社，2017.
② 张乐天．教育学[M]．北京：高等教育出版社，2007.
③ 李如齐，王德才．教育学[M]．徐州：中国矿业大学出版社，2009.

质属性”，也是教育与其他社会活动现象的根本区别。

然而，实际情况是，每一个定义通常都同时具有规定性、描述性和纲领性，这突出了定义的复杂性、多样性和歧义性。因此，对各种定义进行分析并加以比较研究就显得十分必要。谢弗勒认为，尽管我们实际上无法找到完全准确的描述性定义、规定性定义或纲领性定义，但每一种定义都具有一些与其他定义不同的特点。因此，科学理论下的定义通常遵循着不同的路径。科学的理论，如数学和物理等，通常是基于逻辑规则来定义的（规定性的定义）；而实践的理论，如政治和经济，更倾向于采用纲领性的定义。

这两种理论的定义存在明显的差异：前者主要基于观察到的数据和实际经验，而后者所描述的并不是已经存在的事实，而是一种“应当存在的”状态，这意味着其具有鲜明的价值导向。科学理论需要揭示事物的本质特性，有时可能无法完全揭示事物的全貌；在实践中，客观事物的存在呈现出一种错综复杂和相互交织的状态。因此，在“科学的”和“实践的”两种理论框架下，定义方式应有所区分：前者通常使用描述性的定义，并从这些描述性定义中挑选更为精确的科学定义；而后者，由于涉及特定社会文化背景下的实践活动，并为实践活动提供一定的指导，通常会采用纲领性的定义。

二、信息化教育相关的描述性定义

教育技术的定义主要来自美国教育传播与技术协会（Association for Educational Communications and Technology，AECT）和我国对早期电化教育有深刻影响的南国农先生，两者给出的定义都是描述性定义。

（一）AECT 对教育技术和教学技术的定义

AECT 对“教育技术”的定义进行过深入研究，1994 年的教学技术定义和 2004 年的教育技术定义，极具知名度和影响力，其对中国乃至全球的教育技术进步产生了深远的影响。

在 1994 年，AECT 对教学技术作出明确定义：教学技术旨在促进学习，并对相关的流程和资源进行全面的设计、开发、应用、管理以及评价，形成了一套完整的理论和实践体系。

在 2004 年，AECT 对教育技术作出明确定义：教育技术属于一种研究和实践，旨在通过创造、使用和管理适当的技术流程和资源来促进学习和提高绩效，使其符合伦理和道德准则。

一般认为，这两个定义对教育技术的研究内容、研究对象、研究目的、研究形态进行了描述，但稍有不同（表 1-1-1）。

表 1-1-1 AECT1994 教学技术定义与 AECT2004 教育技术定义的比较

定义名称	领域名称	研究内容	研究对象	研究目的	研究形态
AECT1994	教学技术	设计、开发、利用、管理和评价	流程和资源	促进学习	理论与实践
AECT2004	教育技术	创造、使用和管理	适当的技术流程和资源	促进学习和提高绩效	研究与实践

由上述比较可见，AECT2004 定义是对 AECT1994 定义的改进与创新，但是 AECT2004 定义存在“矫枉过正”之处。第一，AECT2004 定义将原有的五个研究内容改为三个，虽有其合理性，但“设计、开发、利用、管理和评价”更能全景式地反映教育技术解决教育教学问题的全貌，更具合理性；第二，AECT2004 定义把原有的“理论与实践”研究形态转变为“研究与实践”。

基于以上两点，笔者认为教育技术就是通过设计、开发、利用，并对技术流程和资源进行管理和评价，以利于学习及提升绩效的合乎伦理道德的理论及做法。

（二）南国农对电化教育和信息化教育的定义

关于本领域的名称，南国农早期使用的是“电化教育”一词，后来他认为使用“信息化教育”更为合适，因此在此选取他的两个电化教育的定义和一个信息化教育定义进行分析。

1985 年，南国农将电化教育定义为，电化教育是指运用现代化教育媒体，与传统教育媒体恰当结合，传递教育信息，以实现教育最优化。①

1998 年，南国农将电化教育定义为，电化教育就是在现代教育思想、理论的指导下，主要运用现代教育技术进行教育活动，以实现教育过程的最优化。②

2004 年，南国农将信息化教育定义为，信息化教育就是在现代教育思想、理论的指导下，主要运用现代信息技术，开发教育资源，优化教育过程，以培养和提高学生信息素养为重要目标的一种新的教育方式。③

这三个定义从指导思想、研究内容、研究目标和本质等方面对电化教育（信息化教育）进行了描述和说明，如表 1-1-2 所示。

① 南国农．电化教育学 [M]．北京：高等教育出版社，1985.

② 南国农．电化教育学 [M].2 版．北京：高等教育出版社，1998.

③ 南国农．信息化教育概论 [M]．北京：高等教育出版社，2004.

表 1-1-2　南国农 1985、1998、2004 电化教育（信息化教育）定义比较

定义名称	领域名称	指导思想	研究内容	研究目标	本质
南国农 1985	电化教育	未说明	运用现代教育媒体，与传统教育媒体恰当结合，传递教育信息	教育最优化	未说明
南国农 1998	电化教育	现代教育思想、理论	运用现代教育技术进行教育活动	教育过程的最优化	未说明
南国农 2004	信息化教育	现代教育思想、理论	运用现代信息技术，开发教育资源、优化教育过程	培养和提高学生信息素养	教育方式

2004 年南国农的定义明确地指出信息化教育是一种教育方式，这也是本次定义中南国农所特意强调的，信息化教育是属于现代教育范畴的一种新的教育方式。它不只是一种新的教育工具，不只是一种新的教育方法，不只是一种新的教育内容传递形态，不只是一种新的教育组织形式，而是所有这些的综合，是一种新的教育方式。它是一种“人—机—人”，人机协作，人为主、机为辅的信息时代特有的教育方式。①

另外，通过对比定义可以发现，三个定义中的研究内容变化较大。那么，现代教育媒体、现代教育技术和现代信息技术，这三个究竟哪个更合适、更精准？要回答这一问题就应从领域名称的转变入手，也就是电化教育向信息化教育的转变。我国的电化教育经历了两个发展阶段：工业时代的“视听教育”，信息时代的“信息化教育”。② 有学者认为电化教育最初采用的投影、录音、录像、广播、电影和电视等就是“带电”媒介。其实，把“电化”理解为“带电”媒介有点牵强，“电化”应理解为应用的某种电子技术，电化教育就是把信息电子技术应用于教育活动之中，而信息化教育则是把信息技术应用于教育活动之中。从信息技术应用角度来看，黑板和粉笔可以说是“传统的信息化教育”，投影、广播和电视可以说是“信息电子技术化教育”（“电化教育”），计算机、网络、虚拟现实和人工智能可以说是“现代信息技术化教育”。在以上分析的基础上，笔者认为信息化教育是以现代教育思想及理论为指导、以信息技术为支撑来传递教育信息，从而达到教育最优化目的的教育方式。

由上述可知，国外教育技术界定与我国信息化教育界定在领域名称、指导思想、研究内容、研究目的、研究形态等方面仍有很大区别，各有侧重，而比较接

① 南国农．信息化教育概论[M]．北京：高等教育出版社，2004.

② 南国农．从视听教育到信息化教育：我国电化教育 25 年[J]．中国电化教育，2003（9）：22–25.

近的是两者在研究对象上都偏重“技术”或者“技术性”，这就是教育技术或信息化教育与其他教育分支学科之间的本质区别。

（三）其他学者的定义

信息化教育的其他描述性定义比较有影响力的有以下几种。坂元昂的定义：“教育技术是对关系到教育的所有可操作因素加以分析、选择、组合和控制，然后进行实验性的实际研究，以取得最大的教育成果，这些可操作的因素包括教育目标、教育内容一类的教育情报；教材教具、教学机器一类的教育媒体；教育方法、教学环境，师生行为、师生编组以及上述因素的相互关系。”① 萧树滋的定义：“电化教育是根据教育理论，运用现代教育媒体，有目的地传递教育信息，充分发挥多种感官的功能，以实现最优化的教育活动。”② 李龙的定义：“教育技术是在先进教育思想、理论的指导下，运用相关的技术和方法促进教育效果优化的实践活动。”③

三、信息化教育相关的规定性定义

规定性定义是指某种语境下由作者本人“创制”，或者论文、专著的作者依据当时需要而“创制”的定义。因此，对于信息化教育、电化教育或教育技术的规定性定义可以用“百花齐放”来形容，在此仅选择几种具有代表性的定义进行讨论。

（一）何克抗对“现代教育技术”的定义

“现代教育技术在整个教育改革中处于制高点、突破口地位”的主张是真的吗？

21 世纪的国际竞争日益激烈，主要表现为综合国力的较量，而人才又在其中发挥着关键性的作用，这就要求各国充分做好教育培养工作。如今，信息技术的快速发展正在推动人类社会发生深刻变革，有关信息技术在教育领域中的应用研究备受各国关注。针对国际竞争态势给教育带来的严峻挑战，我国及时地抓住了现代教育技术这一问题的核心，将现代教育技术作为教育领域改革的“制高点”和“突破口”。为印证“现代教育技术是整个教育改革的制高点和突破口”命题

① 贾克亮，张恩宜．论教育技术问题[J]. 山东师大学报（社会科学版），1993（6）：61–65.

② 萧树滋．电化教育概论[M]. 北京：北京师范大学出版社，1988.

③ 李龙．教育技术学科的定义体系：一论教育技术学科的理论与实践[J]. 电化教育研究，2003（9）：3–8.

的正确性，北京师范大学著名信息化教育学专家何克抗教授专门写了一篇文章：《论现代教育技术与教育深化改革——关于 ME 命题的论证》，他在这篇文章的上篇中对“现代教育技术”做了明确的规定：“这里的‘现代教育技术’是指以计算机为核心的信息技术在教育、教学领域的运用。”① 因此，论证上述命题为真即论证以计算机为核心的信息技术对于整个教育改革具有决定性的意义。

（二）黎加厚对“电化教育”的定义

由于历史的原因，《电化教育研究》杂志和国内电化教育机构采用的是 20 世纪二三十年代“视听教育”的英文译名，即 Audio-Visual Education。而进入 21 世纪后，中国教育面临 e- 化的世界，如 e-mail、e-business、e-school、e-classroom、e-library、e-government、e-community 等。因此，上海师范大学黎加厚教授建议《电化教育研究》杂志的英译改为“e-Education Research”才能较好地适应时代的变化和当前我国电化教育发展的实际情况，他认为 e-Education 作为一个新的词汇，不同的人会有各自不同的见解来定义这个词。他的理解是，e-Education 是在现代信息技术环境中，研究与人类学习行为有关的各个要素及其相互关系的活动规律，以促进学习的理论与实践。② 这是黎加厚教授所创制的电化教育定义。

（三）其他学者的定义

国外教育技术的规定性定义，如西尔伯（Sillber）在 1970 的定义：“教学技术是用系统的方式对教学系统组成部分（包括信息、人员、材料、设备、技术和环境）的开发（包括研究、设计、制作、支持 - 供给和利用）以及对开发的管理（包括组织和人员）。”麦肯齐（Mac Kenzie）和厄劳特（Eraut）在 1971 年的定义：“教育技术是对达到教育目标的手段的系统化的研究。”③

我国对于电化教育（或信息化教育、教育技术）的规定性定义，即电化教育是以电力技术、电子技术和信息技术等为支撑，实现文明传承和培养人才等目的的社会行为。教育技术通过运用媒体技术和系统技术更好地解决教育教学问题。

① 何克抗．论现代教育技术与教育深化改革（上）：关于 ME 命题的论证 [J]. 电化教育研究，1999（1）：3-10.

② 黎加厚 .e-Education：电化教育的新定义：关于《电化教育研究》杂志英文译名更新的建议 [J]. 电化教育研究，2000（1）：3-6.

③ 余武．从美国教育技术定义的变迁思考教育技术的发展变化 [J]. 电化教育研究，2001（9）：58-63.

信息化是以信息科学、教育科学理论为指导，以运用现代信息技术为关键，以教育信息化、信息科学技术教育为基本任务，以培养和造就高素质人才为根本目的的教育教学过程和表现形态。

四、信息化教育相关的纲领性定义

纲领性定义，即定义的客体应属于何种类型，也就是定义客体的“应然”状态，信息化教育或电化教育的“应然”状态是根据事物的性质界定的，它的规则为“所界定的概念＝种差＋属概念”。在运用这种规则界定概念时，必须先找出比所界定的概念更为宽泛的概念，即属概念；然后，再去发现种差，即所界定事物的本质特征，即该事物与其他同类事物的差异。

（一）尹俊华等人对“教育技术”的定义

根据上述解释，教育技术的属概念应为“技术”，那么它与其他技术的主要差异，也就是“种差”，具体是什么呢？这个“种差”就是“在教育活动中采用的技术”，不是生产技术、农业技术、信息技术或其他什么技术，如此，学者尹俊华等人将教育技术界定为“人类在教育活动中所采用的一切技术手段和方法的综合”。①

这个定义完全遵循纲领性定义的准则，逻辑上没有错误，但是这个定义的“落脚点”或者“重心”是“技术”，因此在理解上常常会出现偏差。以多媒体教室为例，我们可以认为其中的计算机、投影仪和音响系统都是“教育活动中所使用的技术”，而并非“教育技术”。从这个角度看，描述性的定义能更准确地描述教育活动中的“教育技术”，即在计算机、投影仪和音响系统等技术的影响下，如何设计、开发、使用、管理和评价技术过程和资源，或者是如何利用计算机、投影仪和音响系统等信息技术来传递教育信息。

（二）汪基德对“电化教育”的定义

同理，电化教育的属概念应是“教育”，它与其他教育的区别即“种差”是它要借助于现代教育技术或现代教育媒体，河南大学教授汪基德将电化教育简单地定义为“借助于现代教育技术的教育”或“借助于现代教育媒体的教育”。②

① 尹俊华，庄榕霞，戴正南．教育技术学导论[M].2版．北京：高等教育出版社，2002.

② 汪基德．中国教育技术学科的发展与反思[D].兰州：西北师范大学，2007.

（三）其他学者的定义

采用这种类似方法的有关信息化教育或电化教育的定义还有很多，如：李康的定义为“教育技术是指人们为满足教与学需要，而创造教育经验、方法、技能和所应用媒体工具的总和”[①]；何克抗等人的定义为“教育技术就是人类在教育教学活动过程中所运用的一切物质工具、方法技能和知识经验的综合体”[②]；等等。

通过对上述关于信息化教育或电化教育的三种定义体系的深入分析，我们可以明确以下内容。首先，信息化教育的纲领性定义是一个宽泛的概念，而描述性定义则是一个较为狭窄的概念，这使得信息化教育的规定性定义的应用范围变得更加有限。其次，对于信息化教育，纲领性的定义代表了一种应有的状态；而描述性的定义和规定性的定义则代表了一种实际的状态。最后，正如谢弗勒所说，实际上找不到纯粹的描述性定义、规定性定义或纲领性定义，任何一个定义往往同时具备规定性、描述性和纲领性[③]。

本书通过综合关于信息化教育的三种定义，对其进行了明确的定义：信息化教育是通过设计、开发、利用、管理和评价信息技术在教育领域中的应用，以促进学习和实现教育最优化的理论和实践活动。

第二节　信息化教育的理念与原则

一、信息化教育的理念

现代信息化教育理念是随着现代教育理论的发展而出现的，是“以人为本、以学生为本”的教育理念。主要表现在以下几个方面。

（一）强调学生的主体地位

传统教学以教师的“教”为中心，教师是教学活动的主体。建构主义理论认为，学生是教学活动的积极参与者和知识的建构者，教学应当以学生的“学”为主要任务，学生是教学过程的主体，一切教学活动都要围绕学生的“学”来展开。

① 李康．教育技术与教育技术学的研究对象[J]．电化教育研究，2004（1）：1—4.

② 何克抗，李文光．教育技术学[M]．北京：北京师范大学出版社，2002.

③ 马启龙，李文卫，何玲．教育技术学学科体系基本问题研究[M]．兰州：甘肃人民出版社，2013.

在现代教学中，学生是具体的、活生生的、有丰富个性的和不断发展的认识主体，是具有主观能动性的独立个体和群体。教学是学生在教师指导下，有目的地去获取对客观世界认识的知识，发展社会适应性的能动过程。学生的主体地位在教学过程中具体体现为自主性、主动性和创造性。

（二）改变传统学习理念

学生的学习理念由强调知识的积累和技能的训练向学生主动建构知识的方向转变。建构主义学习理论认为，知识不是通过教师传授得到的，而是学习者在一定的情境即社会文化背景下，借助其他人（包括教师和学习伙伴）的帮助，利用必要的学习资料，通过意义建构的方式而获得的。因此近年来，学习者由过去被动地接受知识向主动建构知识的方向转变。

（三）改变传统学习方式

学生改变以往接受式的学习，转变为自主、探究和合作式的学习。新课改明确指出，要改变课程实施过于强调接受学习、死记硬背和机械训练的现状，倡导学生主动参与、乐于探究和勤于动手，培养学生搜集和处理信息的能力、获取新知识的能力、分析和解决问题的能力以及交流与合作的能力。因此，教师应当首先改变以往的教学方式，运用信息化教学方式培养学生的自主学习、探究学习、合作学习能力。此外，教师要从各个方面培养学生主动探究、合作学习的意识，让学生意识到只有积极主动地学习，才能够适应信息化社会的需求。

（四）强调活动的重要性

传统的教学活动主要是知识的“授－受”活动，现代信息化教育理念要求在教学中充分认识到活动的重要性和多样性。教师要为学生设计多种性质的活动，组织学生在活动中进行不同形式的学习，在活动中充分发挥学生的主动性、自觉性，培养学生的创新意识、创新精神和创新能力，促使学生的知识、能力和个性全面发展。

（五）强调学生的主观能动性

信息化教育是素质教育的重要环节，素质教育的目的在于使学生将所学的知识内化为综合素养。因此，信息化教育强调在教学过程中充分发挥学生学习的主体性，发挥学习内部动机的推动作用，这样才能将学习成果内化为主体的综合素质。这就要求教育者不是通过灌输的方法，而是通过启发式的方法使学生正确把握学习的意义、了解学习的目的、理解学习的价值和增强学习的兴趣。在教育的方式上，必须认真分析学生的需求，寻求最佳的实现途径，尊重学生的个性发展，引导学生的创新意识和培养学生的创新能力；在教学过程中要激发学生的学习兴趣、探究的热情，尊重学生的个性和特长，注重学生在学习中的参与，最大限度地挖掘学生的潜能。教师应当利用多媒体技术有效地激发学生的学习兴趣，利用多样化的教学方式促使学生积极主动地对知识进行自主探究。

（六）强调师生积极主动地互动交流

多样的师生互动交流有助于缩短师生的心理距离，增强学生的学习兴趣；有助于学生在学习中共享生活经验，完善知识结构；有利于促进社会性学习，发展社会性素质。对于教师来说，师生之间的互动交流可以使教师放下权威，与学生平等交往，有助于教师与学生相互学习、共同进步。

二、信息化教育的原则

（一）整合性原则

信息化教学是将信息技术、信息资源、人力资源和课程内容等一系列要素整合在一个系统中，有机地将各种要素结合起来共同完成教学任务的一种教学方式。因此，整合性原则是信息化教学的首要原则。在进行信息化的教学活动时，我们应该确保信息技术能被有效地整合到各种教学方法中，并把教学系统的各种要素和资源有机地整合在一起，确保各种理论、方法和教学媒介都能紧密结合起来。在整个教学过程中，我们需要协调各个要素之间的关系，充分发挥系统的整合优势，从而改善整体的教学效果。

（二）直观性原则

学生认识活动的特点是以学习间接经验为主，但是获得间接经验要以直接经验为基础。学生特别是少年儿童以形象思维为主，要使信息化教学符合学生的心理特征，有效地提高学生的学习兴趣和积极性，在教学过程中就应当遵循直观性原则。

直观性原则是指在信息化教学环境中为学生创设一定的情境，提供丰富的多媒体资源，同时通过教师给予指导、形象地描述知识等教学活动来促使学生积极观察、主动探究，使学生对所学事物、过程形成清晰的表象，从而丰富感性认知，了解主动建构知识的意义，最终正确地理解所学知识并发展认知能力。信息化的教学环境融合了众多的媒体资源、教学工具和辅助系统，这为实施直观性的教学原则提供了丰富的教学资源、教学功能和教学辅助手段。

（三）参与性原则

随着信息化教学的发展，学生的学习变得更加具有主动性、探索性和合作性，这种转变使得信息化教学表现出了更强的参与性。

参与性原则是指学生在教师的指导下积极参与教学活动，通过这种参与唤起学生的主体意识、发挥学生的主体作用、发掘学生的学习潜能、培养学生的学习能力、增强学生学习的责任感与合作精神，从而能够有效提高教学质量，更好地完成教学任务。

在信息化教学过程中，学生成为教学活动全过程中自觉的、能动的参与者，成为知识的主动探索者与发现者，成为自己主体建构与发展的主宰者，并在每次参与过程中实现自身主动性、能动性与创造性的发展。因此，在信息化教学中我们应当借助多媒体手段和丰富的教学资源来调动学生的积极性，使学生以不同的方式参与到教学过程中。

（四）启发创造原则

在信息化教学环境中，启发创造原则意味着教师运用先进的教育理念，并在信息技术的支持下，采用多种方法来推进学生的学习进程。这样做不仅能最大程度地激发学生的学习积极性和自觉性，还能激活他们的创造性思维，使他们在全面掌握知识的同时，也能充分发展自己的创造性能力。

在现代教育理念的指导下，教学与发展之间相互影响和相互促进的关系得以体现，这就是启发创造原则。它既体现了“以学习者为中心”的教学思想，又符合建构主义学习理论，更有利于激发学生自主探索问题、解决问题的欲望，从而有效地实现教学目标。在信息化教学环境中，教师不仅需要向学生传授各种知识、技能和方法，还需要教学活动能够激励学生主动地建构知识，并在此基础上促进学生在情感、态度和价值观方面的全面发展。

随着信息化社会的不断发展，教师在教育和教学过程中必须注重培养学生的信息素养和创新思维。因此，学校要从观念上改变教师角色、转变教学方式和手段，加强对学生信息意识、获取信息方法、利用信息资源以及创新能力等方面的培养。只有通过这种方式，学校培育出的专业人才才能满足未来快速变化的社会需求，才能用创新的思维方式捕捉到新的有意义的信息，并在未来的职业生涯中敢于创新和行动，从而为社会创造更多的财富。目前，通过信息化教学发展学生的创造性思维，培养创造型人才已经成为世界各国教学改革的重心。

（五）教师主导作用与学生主体作用相结合的原则

建构主义中的学习理论强调学生应当主动地建构知识体系，而教师则应成为推动学生建构知识体系的关键角色。在教学活动中，学生的主体作用主要体现在自主性、主动性以及创造性方面。这就要求教师必须发挥好主导作用，同时兼顾学生的主体作用，正确处理教与学的关系，把教师与学生的积极性都调动起来。

在信息化教学环境中应用这一原则时，应特别强调学生作为学习过程中的主体，以及他们在教学活动中所能发挥的积极作用。学生的学习过程是一种自我驱动和积极主动的行为，它既不是被动地吸收知识，也不是单纯地掌握知识，而是以获取知识为目的的主动探索与实践的过程。换句话说，如果学生想要将教师提供的所有知识资源转化为自己的知识，那么其必须通过主动和自觉的思考方式来吸收、理解、消化和应用这些知识。因此，教师的主导作用与学生的主体作用是相辅相成、相互推动和相互支持的两大要素。只有二者紧密结合，才能充分发挥教与学在教育过程中各自的优势。

（六）教学最优化原则

所谓教学最优化原则，是指在信息化教学过程中以现代教育理念为指导，对教学系统的各要素进行系统设计，以实现各要素的最优组合，从而取得最佳的教学效果。

教学最优化原则反映了教学效果是由各种教学因素共同作用形成的这一规律。在信息化教学过程中，教师、学习者、多媒体以及教学内容是必不可少的要素。评价教学最优化以在特定的环境条件下，教师和学生能否在最短的时间内取得教育和教学的最优效果为标准。

第三节　信息化教育与传统教育的区别

一、教学手段的差异性

从广义上来讲，教学手段就是为了实现预期教学目的，教师和学生用来进行教学活动，作用于对象信息的、精神的、物质的形态和力量的总和。在这里教学手段主要表现为某种具体的教学媒体。传统的教学媒体主要有黑板、教科书、标本、模型和图表等，因此，传统教学手段是指教师针对教学内容，运用简单的媒体单向传播教学信息的方式。信息化教学手段主要是随着多媒体技术在教学中的应用，教师将以教材方式呈现的文字、图像和表格转为数字化教学资源，并采用多媒体工具进行教学。同时，多媒体资源也可以通过网络便捷地传递和共享，从而提高教学的效率。

传统教学的形式单一，以课堂教学为主，教师传授知识、学生接受知识是主要的教学活动。信息化教学的形式多样化，在各种类型的教学环境中开展多样化的教学，如自主学习、协作学习和探究学习等。传统教学主要借助单一化的媒体开展教学活动，教学媒体承载教学信息的能力比较低，传递教学信息的功能比较简单、机械。信息化教学手段具有丰富的教学功能，通过大屏幕投影清晰地传授知识，通过网络开展小组讨论、师生答疑、作业提交、网上学习和测试等活动，加强了师生之间的交流，培养了学生的自主学习能力。信息化教学能够提高学习效果，信息化手段集声音、图像和文字等多种信息于一体，极大程度地满足了学生视听等感官需求，激发了学生的学习兴趣。传统教学大多数采用灌输式的讲授方式，教学信息是从教师到学生的单向传递，没有考虑到每个学生的特点，不能做到“因材施教”，从而使教学过程比较枯燥乏味，不利于学生认知能力的发展。信息化教学采用的讲授方式是交互式指导，教师与学生相互交流，教学信息可以双向或多向传递，既可以从教师到学生，也可以从学生到教师，从而使师生关系平等，有利于教学活动的有效实施。

同时，信息化教学具有直观性，其能够将形态、声音和色彩完美融合，将传统教学难以展现的复杂过程、难以观察和捕捉的现象及现场无法呈现的场景，以真实和生动的方式展现在课堂上，通过创造生动、形象和具有强烈感染力的教学情境，调动学生的学习积极性，帮助学生更好地掌握知识，并进一步改善教学效果。信息化教学拥有传统教学所缺乏的趣味性和直观性，其能够充分激发教师和学生的积极性、主动性和创造力，帮助教师突破教学中的重点和难点，从而更容易实现教学目标，同时使学生在一个愉快和轻松的环境中获取知识。

尽管传统教学手段和信息化教学手段有一定的差别，但它们都有各自的优点，在教学过程中，它们是相互补充的关系。我们只有将传统教学手段与信息化教学手段结合起来，实现优势互补，才能最大限度地提高教学质量。

二、教学资源的差异性

教学资源指的是支撑整个教学过程以实现特定教学目标和功能的各类资源。

教学资源既是教学系统中的物质性资源，也是非物质性资源，主要包括教学材料、支持系统和教学环境等。

教学材料蕴含了大量的教育信息，是能创造出一定教育价值的各类信息资源。传统教学材料包括书本、教科书、挂图、教学器具、课件和教学电视等。信息化教学材料指的是以数字形态存在的教学材料，包括学生和教师在学习与教学过程中所需要的各种数字化的素材、教学软件和补充材料等，具体形式有文本、图像、音频和视频等素材类教学资源，虚拟实验室、教育游戏类、电子期刊类、教学模拟类和教育专题网站等集成型教学资源以及网络课程。

支持系统主要指支持教师有效开展教学活动以及学习者有效学习的内外部条件，包括学习能量的支持、设备的支持、信息的支持和人员的支持等。传统的支持系统主要是指教师和同伴对学习者学习的指导与帮助，以及工具书对学习者学习的帮助等。信息化教学资源的支持系统主要包括现代媒体和学习工具在教与学过程中的参与，以及海量的网络信息对学习内容的补充等。

教学环境不仅局限于教学活动发生的具体地点，还包括学习者在与教学材料和支持系统交流过程中所营造的氛围。传统的教学环境以教室为主，以课堂教学作为主要的教学形式。信息化教学环境以信息技术的应用为特征，包括校园网、多媒体教室、电子网络教室、电子阅览室、语音实验室和网络教学平台等，教师可以利用多样化的教学环境开展课堂教学，组织学生开展协作学习、探究学习，还可以指导学生自主学习。

三、教学模式的差异性

所谓教学模式，是指根据教学思想及规律，对教学过程所采取的较为坚实的教学程序，以及对教学方法所采取的策略体系。教学模式涉及教学要素的组合方式、教学程序以及与之相适应的策略。

传统教学模式下，教师是主动的知识施教者，而学生则是被动的知识接受者，媒体则是教师将知识传递给学生的载体。学生作为认知主体，如果在教学全过程中居于被动地位，其主动精神就会被扼杀，不利于培养创新能力。传统教学模式具有利于发挥教师主导性的作用，以及便于教师组织、管理和调控课堂教学等优势，但同时也存在着较大的弊端，即忽视了学生学习的主动性和创造性，没有更好地发挥学生的认知主体作用，其结果就是很难取得较理想的教学效果和较难培养创造型的人才。

现代信息技术支撑下的网络教学在现代教育领域得到了广泛应用，这使教师与学生均处在信息来源极其丰富的环境下，二者获取信息的渠道几乎相似。教师从以往的信息传播者或组织知识体系呈现者，逐渐成为学生学习的指导者与合作伙伴。同样，学生也不能只是被动地接受信息，而是应该积极主动地建构知识。这就要求学习者在学习过程中必须依据自身知识背景对外界进行积极地选择、加工与处理，以获取知识。

因此，可以这样定义信息化教学模式，即根据现代教学环境下的信息传递方式，以及学生处理知识信息的心理过程，充分运用现代教育技术手段和信息资源来创设良好的学习环境，并在教师的组织引导下发挥学生学习的主动性、积极性和创造性，使学生真正成为知识信息的主动建构者，从而真正取得良好的教学效果。在信息化教学模式下，教师成了课堂教学的组织者和指导者，成了学生建构意义的帮助者与促进者，而非知识灌输者与课堂主导者。

第四节　信息时代教育媒体的发展

一、信息化教育媒体的发展

媒体的发展与人类文化、科技发展密切相关。纵观整个教育史，共发生过四次革命：第一次革命，教师接替家族成为教育青年的主要责任人；第二次革命，书写成为与口语同等重要的教育工具；第三次革命，印刷术的发明和推广使教科书得到了大规模应用；第四次革命，信息技术为教育领域带来新的教育教学方式，使教育质量和教学效率得到显著提升。因此，新兴媒介的产生与发展，都可以引发教育史上的一次伟大革命。

（一）信息化教育媒体的产生

从 19 世纪末至今，科学技术迅速发展。以电子技术新成果为主发展起来的新传播媒体（信息化传播媒体）大大提高了人类信息的传播能力和传播效率。

首先出现的是音像媒体，它是记录和再现声音和影像信息的媒介，包括幻灯片、唱片、录音磁带、录像带和光盘等，其广泛应用于新闻、教学、科研和娱乐活动。其次是缩微媒体，是把原件微缩摄录在卡片、胶片、胶卷或其他材质上，须经放大才能阅读的复制品。

如今，应用最为广泛的是以计算机为中心的信息处理和传播技术。从1951年第一台电子管计算机诞生开始，计算机技术的发展可谓突飞猛进。计算机的体积越来越小，运算速度越来越快，功能越来越强大，应用领域不断扩大，信息处理能力也在不断增强，日益显示其强大的生命力。利用多媒体计算机辅助教学，交互地综合处理文本、图像、音频、视频和动画等多种媒体信息，通过其进行有效控制并建立逻辑连接，能表达出更加丰富而复杂的教学内容，能有效地突破教学中的难点，解决平时教学中难以解决的一些问题，使教学内容简单化，使教学过程变得更加生动、形象和有趣。目前，多媒体化、网络化和智能化使计算机的发展进入一个崭新的发展时期，并成为一种重要的现代教育媒体。

随着现代媒体的发展，教育领域逐步兴起应用现代媒体的热潮，现代教育媒体在学校逐步得到应用。目前，大部分学校同时存在传统教育媒体和现代教育媒体。那么，一些运用现代教育媒体比较好的学校是不是已经实现了教育媒体的现代化？我们认为还不是，现代教育媒体有一个相当长的发展过程，这个过程大致可分为准备期、过渡期和成熟期。

（二）信息化教育媒体发展的三个阶段

1. 准备期——信息化教育媒体辅助教学

我们知道，人类语言的产生需要具备三个条件：一是口头词汇的积累，二是一种约定俗成的“通用语法”的产生，三是人类发声器官的进化。完成这三项准备，人类花费了大约两百万年的时间。文字产生后，由于载体的昂贵，直到造纸术、印刷术发明以后，教育才逐步实现大众化、普及化，这又经过了四千年。

由于现代媒体自身的发展，信息化教育媒体的启用也要经过准备期。19世纪末20世纪初幻灯机、无声电影兴起，幻灯机应用于教学；20世纪三四十年代，有声电影、广播、录像和录音机相继发明，在美国兴起视听教育；进入20世纪50年代以后，电视、电影、显微影片和录音带等已成为教学的有效工具。可见，在从19世纪末到20世纪70年代的近百年中，信息化教育媒体仅作为一种直观教具和辅助教学的手段。美国教育心理学家布鲁纳（Bruner）在《教育过程》一书中，称信息化教育媒体为“教学辅助工具”。20世纪七八十年代，我国电化教育有了比较广泛的发展，大部分学校有了幻灯机、投影仪、录音机和录像机等电教设备，这个时期应用各种信息化教育媒体的教学被称为电化教育辅助教学。

2. 过渡期——信息化教育媒体全面介入教学

在20世纪40年代，计算机的发明是信息技术的一大进步。计算机作为信息处理的工具，在信息储存、交流和传播等方面的优势是其他媒体技术无法比拟的。20 世纪 90 年代初，以计算机为主体的多媒体综合运用，以及计算机与网络技术的结合，促使了教育媒体的普及和发展，信息化教育媒体开始全面介入教学。在美国，大部分学校拥有信息化教育媒体，学生拥有电脑的平均比例为 5 ： 1，许多学校已实现了人手一台笔记本电脑。1999 年，新加坡的小学有 10% 的课程使用电脑上课；在中学每 5 名学生拥有一台电脑，14% 的课程用电脑上课。[①]20 世纪末以来，我国加快了教育信息化步伐，大力推广信息化教育媒体的应用，如校园网络建设、学科教学网站（页）建设以及教学资源库的建设。许多教师积极制作 CAI（计算机辅助教育）课件，运用网络资源开展探索式学习。课堂教学面貌有了新的变化，并且提高了教育质量。此时，信息化教育媒体已不只是教育技术或教学方法的助手，它要从学习内容、学习方式等方面全面介入教学了。

3. 成熟期——信息化教育媒体与教学深度融合

21 世纪以来，随着教育信息化的不断推进，信息化教育媒体与教学的融合也在不断加深。在社会飞速发展的背景下，教育信息化的目的已不仅是推进教育的现代化改革，改善教育效果，还包括将信息技术与教学结合，潜移默化地培养学生的信息化素养，让学生具备通过网络渠道进行自主学习的能力这些方面。在此背景下，信息化教育媒体也不仅是促进教学质量提升的一个因素，还变成了教学的一部分。随着学校不断引进信息教育技术和教学设备，以及教学平台的不断发展，信息化教育媒体已经成为教学中不可分割的一部分，是信息化教学中的重要影响因素。学生也能从信息化教育媒体的选择、制作和使用中学到相关知识，从而提升自己的信息素养。

二、信息时代的教育媒体

（一）信息时代教育媒体的分类

在信息时代，可供教育活动使用的媒体更趋多元化。因此，关于媒体的分类方式是五花八门的。对媒体进行分类，其主要目的是从多个角度理解媒体的教育属性。根据不同媒体的呈现形式，我们可以将其分为口语传播、纸质传播和电子传播三大类；根据不同媒体的物理属性，我们可以将其分为光学投影媒体、电声媒体、电视媒体和计算机媒体等；根据信息在媒体中的传播流向，我们可以将其分为单向媒体、双向媒体等。

① 温寒江．学习学（下卷）[M]．北京：教育科学出版社，2016．

根据教育媒体的出现时间，我们可以将其分为传统教育媒体和现代教育媒体。传统教育媒体是指在长期历史发展进程中形成并为人们所熟知的教育手段与方式，其主要涵盖了在教育活动中使用的教材、图书资源、报纸杂志、模型、样本和教学工具等。现代教育媒体主要涵盖了幻灯片、投影仪、音频、视频、电视、计算机以及程序化的教学设备。现代教育媒体可以根据其对人感官的影响方式分为视觉媒体、听觉媒体、视听媒体以及交互媒体。

1. 视觉媒体

视觉媒体是通过光学系统将软件上存储的各种视觉符号图像放大，并将其投影至银幕端的一种媒体。视觉媒体可以将文字、图像等信息以直观的方式传递给受众，使其产生身临其境之感。在教育过程中，经常使用的视觉媒体主要包括幻灯机和投影仪这两大类，其优点主要如下。

（1）提供感性材料，提高教学质量

利用视觉媒体教学突破了文字教材主要用文字语言表述概念的单一形式。视觉媒体能直观、形象地再现客观事物或放大的图像，能给学生呈现生动形象的教学内容。教育心理学认为，形象直观便于调动无意注意、强化记忆。各种不同类型的视觉教学媒体，如挂图片、复合片和简单活动片等，对于形成概念，提供感性的、情节性的和经验性的材料等极为有利。

此外，视觉媒体有助于学生从大量感性材料中概括出规律性的东西；有助于学生对同类事物进行分析比较，从而了解该事物与其他事物的区别与关系，使之掌握本质特性；有助于学生的技能训练。

（2）操作简便，便于控制

视觉媒体教学的硬件设备简单，操作简便。软件的设计、制作也比较经济、方便。视觉媒体的放映，不受时间的限制，便于教师的控制，可根据不同内容与对象，在课堂上灵活操作和讲解，讲解程度可深、可浅，讲解时间可长、可短。

（3）代替板书，提高教学效率

教师在投影仪上可面向学生书写，简化板书过程；并可课前绘制文字、展示图片资料，节省教学中一些辅助性书写活动的时间，降低劳动强度，从而增加单位时间内的授课容量，进一步达到精讲多练的目的。视觉媒体可供学生反复观看、复习，又可节省教师的辅导时间。

（4）适用性强，易于普及

视觉媒体教学适用于各种形式的教育活动，从社会教育到学校教育、从幼儿教育到大学教育的各级各类教育。尽管受教育对象的年龄、能力、文化背景和专业知识各不相同，但在德、智、体、美、劳各学科中，都可根据教学内容和教授特点，进行视觉媒体教学活动。

另外，利用视觉媒体进行教学活动，相对于其他现代教育媒体投资较少，相关的条件要求也较低，因而易于普及。即便在教育技术较为先进的国家，在计算机和多媒体技术迅猛发展和广泛普及的当下，视觉媒体依然凭借其独有的优点被运用于课堂教学之中。根据我国的实际情况，幻灯、投影媒体仍是我国各类学校教学工作中重点普及的教学媒体。

2. 听觉媒体

听觉媒体即用于承载和传播信息的实体设备。教学中用到的听觉媒体包括录音机、收音机和扩音设备等。听觉媒体是由人通过听觉感知而获得信息的一种特殊形式。听觉媒体通过广播和录音技术来记录、保存和传递声音信息。听觉媒体因其可记录性、可再现性、可改编性、可控制性以及使用简便和经济等优点，在教育领域中的应用范围逐渐扩大，已经变成具有个性化特点的关键教学工具。听觉媒体在教学中的作用主要体现在以下几个方面。

（1）扩大教学规模

利用听觉媒体能够打破教学时间和教学空间的束缚，拓宽教育信息的传递途径，进而增加教育活动的覆盖面。

（2）构建教学场景

利用听觉媒体，学生可以真实地感受和体验声音，教师也可据此建构各种不同的教学场景。

（3）加强个性化学习

教师可借助听觉媒体录制教学材料、丰富教学资源和拓宽教学渠道，做到因材施教，提高学生的个性化学习水平。

（4）提高教学质量

利用听觉媒体使抽象的教学内容变得生动、形象、直观，有利于解决教学难点、提高教学质量。听觉媒体有效地激发了学生浓厚的学习兴趣，活跃了课堂气氛，让课堂告别了“一块黑板、一支粉笔”的苍白与无奈。多媒体教学是以教学过程的整体优化为目标的，以它丰富的多媒体形式——声音、图片和视频等，将教学内容与教学手段加以整合优化，并通过多种感官形式为学生提供了形象鲜明、易于理解的教学方式，最大限度地调动了学生的视听感官系统，充分展示了教学手段的多样化，弥补了传统教学的枯燥乏味。因此，将听觉媒体应用至课堂教学领域，可以有效改善学生的学习心理，并在一定程度上提高教师的课堂教学效率。

3. 视听媒体

作为视听结合的媒体，视听媒体所传递的教学信息能够直接作用于学生的视听感官系统。可以说，图像与声音的结合使课堂教学内容更加生动有趣，并且可以明显地提升课堂教学质量。

4. 交互媒体

交互行为发生在两个及以上的个体间，属于双向的交流活动。在某种学习环境中发生的交互行为能够提高学习任务的完成效率，并且建构一种良好的人际关系。师生间的交互行为是“教”的信息与“学”的信息相互反馈的过程。交互媒体实际上是在媒体中加入了交互这一功能，并通过交互方式实现信息的传递。交互媒体可以带给人们全新的体验，是一种崭新的媒介形式，如智能手机、网络课程、微博和播客等。

（二）信息时代教育媒体的优势

教学活动为教学手段和教学工具的产生与发展做了必要准备，教学媒体在不同时期的教学活动中发挥着不同的作用。教材、黑板或投影仪等教学媒体主要是作为教学手段而存在，即辅助教师传递教学信息的教学工具。当前，被广泛应用至课堂教学中的多媒体技术、虚拟现实技术和人工智能技术等，既是教学手段又是认知工具，其能为学生创设个性化的学习情境，并有助于培养学生的个性化学习方式和创造性思维，还可以提高学生的学习效率。

1. 材料直观，有利于感知

当学生试图感知教育内容时，他们需要丰富的感性经验作为基础。感性经验的获取对于培养学生的思维能力有着重要意义。学生在感性认识方面，一部分是通过日常生活获得的，而另一部分则是在学习过程中逐渐积累的。此外，教师需要在课堂上运用直观的教学材料，以便学生能通过观察和实验来获得更多的感性认识。

得益于教育媒体的广泛应用，与教育内容相关的各种事物、现象和变化过程都有可能得到妥善处理。因此教师利用这些媒体能够帮助学生更直观地理解抽象知识，并加深对知识点的理解和记忆，特别是那些在日常生活中难以察觉的事物和现象，如天体运动、火山爆发、细胞分裂等，这些都可以通过媒体展现给学生。这样可以在短时间内为学生提供大量的感性材料，使他们能够充分感知教学内容。

2. 集中注意力，调动积极性

学会控制注意力是获取知识的基础要求。从心理学的角度进行思考，教育媒体内存储的形声资料可被视为有效控制注意力的手段。例如，幻灯片、电影、多媒体等媒介工具具备直观、生动再现客观事物的特点，可以引学生的学习注意力，激发其学习热情。

3. 便于记忆，有利于巩固知识

记忆是巩固知识的前提条件。记忆的过程又是复杂多样的，其具体涉及识记、保持、再认与回忆。通常情况下，与抽象的内容相比较，具体的内容更易于识记，所见之物能给人留下深刻的印象，并且有趣的材料也难以遗忘，经过各种感官体验的材料能够稳固地留在记忆中。教育媒体可以把一些比较抽象或难以理解的事物，通过视觉或听觉等方式展示给学生。恰当地运用教育媒体来传播信息，有助于学生再认与回忆所学的知识。

4. 促进教育改革

现代媒体，尤其是多媒体和网络技术的应用，已经在推动教学手段向现代化和多样化方向发展，甚至彻底改变了传统的教学模式，如教师和学生的角色和地位都发生了显著的改变，师生之间的互动方式也随之改变。从教学材料的角度来看，现代教育教材已经不再仅仅局限于文字描述，而是引入了音像教材和多媒体教材等。综合来看，充分利用现代教育媒体不仅可以极大地推动当前的教育改革进程，还可以促使从应试教育向素质教育和创新教育转变。

值得一提的是，现代教育媒体并不能完全代替传统的教育媒体，更不能代替教师的言传身教。教师的语言仍是教学活动中的重要组成部分，文字与印刷媒体始终是教学活动中的重要媒体，各类媒体都有其独特的性质和功能，同时也存在一定的局限，而媒体本身无法完全替代教师这一角色。教师要发挥好各种媒体在课堂教学中的作用，必须根据不同情况选择和运用相应的教学方式方法，同时还要注意处理好各种媒体之间的关系。在进行教学活动时，教师应该将各种不同的媒体资源进行合理的组合和优化，以弥补各自的不足，这样才能最大限度地发挥各种媒体在教学中应具有的作用，从而实现教学过程的最优化。

三、信息时代教育媒体的发展趋势

（一）网络教育媒体与电视教育媒体的融合

网络教育媒体主要通过文字和图像的方式进行展示，这导致其在教育和教学方面的功能尚未完全成熟。电视教育媒体的优点正是网络教育媒体所缺乏的，因此，在信息时代，两者的融合成为教育媒体发展的一个主要方向。通过充分利用网络教育媒体的高度交互性，能够有效地弥补电视教育媒体在单向传播方面的不足；通过充分利用电视教育媒体的高度可视性，能够有效地激发学生的参与热情，并加强对学生人文内涵的培育，从而建立既具有虚拟元素又具有真实情境的反馈控制的现代教学系统。我国采用的“天网地网结合”的现代远程教育战略正是两大媒体融合的最佳实践表现。以网络教育媒体为核心的高等教育机构在远程教育方面的探索初步成熟。当然，“网络电视”更多地利用网络的高度交互性，强调其“网络互动电视”的核心特征，这不仅是网络与电视真正的融合，还是在信息时代实现教育资源共享的最优选择。

（二）教育媒体表现形式多样化

在信息时代，教育媒体呈现出多种形态，包括图像、音频、文字和数据等，它们为学习者提供了更为多样的信息交流工具，使拥有不同语言、肤色和种族的学习者能更轻松地进行交流，从而提升学习效率。

（三）保证教育信息的高质量输出

由于信息时代教育媒体的形式多样，数据量也随之增加。互联网技术的发展让信息传递的速度和体量都得到了很大提升，宽带速度的提升和无线网络的大范围覆盖也让信息在网络上的流转更加顺畅。在信息时代，教育媒体的信息输出质量也越来越高。

（四）网络教育媒体盛行

信息技术的发展使得信息的传播更加便捷，网络教育媒体已逐渐成为终身学习和普及大众化教育的主要途径及手段。随着科技和经济的持续发展，人们对于知识和信息的渴求逐渐增强。同时，我国对教育的需求也在持续上升，但由于教育资源的短缺，网络已成为满足人们学习需求的最优选择。互联网为人们提供了一个平台，其可以共享有限的高质量教育资源，从而更广泛地满足人们的各种学习需求。因此网络教育媒体在今后一段时间必将具有更广阔的发展空间。

第二章　信息技术与英语教学的深度融合

本章介绍了信息技术与英语教学的深度融合，主要从三个方面进行了阐述，分别是英语教学资源的信息化、英语教学平台的信息化、英语教学信息化软硬件的融合。

第一节　英语教学资源的信息化

一、信息化教学资源概述

（一）信息化教学资源的概念

资源是指可以被人类开发和利用的一切物质、能量和信息的总和。从狭义上讲教学资源为可以应用于教学过程中的各种媒体设备和教学材料；从广义上讲教学资源则包括了人力资源、物质资源和信息资源等诸多方面，它是指能够用于促进有效教学和学习的所有资源。教学资源通常又称为学习资源，它是指一切可以用来促进学生的学习、支持教与学全部过程的各种系统、教学材料和教学环境的总称。

通常认为，"信息化教学资源"属于信息资源的范畴，是从狭义上理解的一种特殊的信息资源，是经过选取、组织，使之有序化的，适合学习者自身发展的有用信息的集合。狭义的信息化教学资源指的是以数字形态存在的教学材料，包括学生和教师在学习与教学过程中所需要的各种数字化的素材、教学软件、补充材料等。广义的信息化教学资源还包括数字化教学环境，即教学过程中所使用的各种软件。

总体来说，信息化教学资源是指经过数字化处理，可以在计算机上或网络环境下运行的多媒体材料或教学系统。它能够激发学生通过自主、合作和创造的方式来寻找和处理信息，从而使数字化学习成为可能。

（二）信息化教学资源的分类

信息化教学资源从技术发展的角度可以分为多媒体素材、多媒体教学软件、网络教学软件。其中，多媒体素材主要是指文本、图片、声音、视频、动画和电子书等，多媒体教学软件是指基于单机运行的教学软件，网络教学软件基于 Web 运行。

目前常见的信息化教学资源主要包括九类，分别是媒体素材、试题库、试卷、课件、案例、文献资料、常见问题解答、资源目录索引和网络课程。在教学中可以根据实际需要增加其他类型的资源。

（三）信息化教学资源的媒体特性和特点

资源是教学的重要因素，在教学活动中，教学资源，首先，作为教学内容的载体——媒体而存在，媒体作为一种传递信息的工具在教与学之间起到了桥梁和纽带作用；其次，作为教学信息而存在；最后，作为支撑教学活动的教学环境和条件而存在。信息化教学资源是指经过数字化处理，可以在计算机上或网络环境下运行的多媒体材料或教学系统，它依旧属于媒体和媒体内容范畴。

1. 信息化教学资源的媒体特性

（1）呈现力

呈现力指媒体呈现信息的能力，即呈现事物的空间、时间、运动、颜色和声音等特征的能力。

（2）重现力

重现力指媒体重现信息的能力，如书本可以反复被阅读，录音、幻灯片可以被反复播放。

（3）传播力

传播力指媒体以各种符号形态把信息传递给受众，不同媒体在传播的范围上各有差异。

（4）可控性

可控性指媒体可操纵控制的难易程度。

（5）参与性

参与性指利用媒体开展教学活动时，学习者能获得参与活动的机会（包括行为参与和感情参与）。

2. 信息化教学资源的特点

（1）组织的非线性化

传统教学资源的组织结构是线性的；而人的思维、记忆却是网状结构。因此传统教育制约了人的智慧与潜能的调动，限制了发散思维能力的培养，不利于创新能力的挖掘与培养，而多媒体技术为教学资源组织的非线性化创设了条件。

（2）处理和存储的数字化

利用多媒体计算机的数字转换和压缩技术，能够迅速处理和存储图、文、声等各种教学资源。

（3）传输的网络化

随着网络技术的发展与普及、各级教育网络的逐步建立，教学资源传递的形式、速度、距离、范围等发生了巨大变化。

（4）教育过程的智能化

多媒体教育系统可以智能模拟教学，学生可以通过人机对话来自主学习、模拟实验和自我测验等，并能够通过实时的交互来实现反馈与评价。

（5）资源的系列化

随着教学的信息化和现代教育环境系统的逐步建立与完善，现代教材体系也逐步成套化、系列化和多媒体化。

（四）信息化教学资源的常用获取方法

1. 文本资源的获取方法

文本资源的主要来源有扫描印刷品、网络电子资源等。一般情况下，文本资源是根据教学的需要编写的。如果文字数量多，也可以在一些电子书籍或者网页中获取。例如，在《百科全书》《上下五千年》等电子书籍及相关网站的网页中就可以方便地找出许多文本资源。这些资源一般可以通过复制粘贴的方式获得，也可以用直接保存网页的方法保存下来。

2. 图片资源的获取方法

教学资源中的图片，根据功能可以分为装饰图片、解释图片和拓展图片。获取图片资源的途径一般有以下几种。一是从素材光盘中寻找。二是从教学资源库中查找，目前学校常用的教学资源库中都有与教学内容相关的图片资源。三是在网上查找，网络是一个巨大的资源库，充分利用网络能够查找到大量的图片资源，找到图片后，用鼠标单击要下载的图片，打开快捷菜单，执行“图片另存为”命令，然后选择相应的文件夹，用合适的文件名保存文件；也可以用“保存网页”

的方法保存图片，从保存下来的网页文件夹中找到相关的图片。四是从电子书籍中获取。五是从画报、画册中扫描。六是从课件中抓取，可以用 HySnapDX 或 Snagit 等软件在现成的课件中抓取相应的图片。七是直接在相应的图片处理软件中创作自己想要的图片。

3. 音频资源的获取方法

音频资源一般为背景音乐或效果音乐，有 WAV、SWA、MP3、CD 等格式。

音频资源的获取途径有以下几条。一是从专业的音效素材光盘或 MP3 素材光盘中获取背景音乐和效果音乐。二是从资源库中查找，很多教学资源库中可以找到小学、初中、高中语文课本中的大多数课文示范录音。三是在网上查找，MP3 中文网、中国音乐网和亚洲音乐广场等都能下载音频资料。四是从 CD、VCD 中获取，CD、VCD 可以用超级解霸播放，然后压缩成 MP3 格式，再根据需要决定是否转成其他格式。五是从现有的录音带中获取，方法是用音频线从录音机线路输出，再从声卡的线路输入口（或 MIC）输入，然后设置成线路输入（或 ZIC）录音模式，打开附件中的录音机进行录音，再保存在相应的位置。六是从课件中获取，大多数的课件中的声音文件都存放在 WAV 文件夹中，从中可以找到需要的音频资料。七是进行原创，把附件中的录音机设置成麦克风输入，把麦克风插入声卡的 MC 插孔，然后进行录音。

4. 视频资源的获取方法

视频资源主要从资源库、电子书籍、录像及 VCD、DVD 光盘中获取。资源库、电子书籍中的视频资料可以直接调用。录像片中的资料可用采集卡进行采集。若无此设备，可以去 VCD 制作店进行加工，把录像资料转变为 MPGE 格式或 AVI 格式，刻录后使用。VCD 可直接用超级解霸处理，但要注意，DVD 格式（MPGE-4）在 Authorware 6.0 中无法直接使用。

二、英语教学资源信息化的意义

（一）英语教学信息化发展的基础

语言实验室在英语教学中占有重要地位，它是培养学生英语听、说、读、写能力的主要教学场所，也是英语教学改革的重点与突破口，对提高英语教学质量具有十分重要的意义。

为了促使以计算机与网络技术为主的信息技术应用于教学过程，并且使英语教学信息化来提高学校英语教育教学质量，各校逐步优化了现代化教学环境，并成立了多媒体教室、多媒体语言实验室和电子阅览室等现代化教学场所。此外，各校还增加了教学设备的资金投入。针对英语教学，部分学校不断更新语言实验室教学系统、不断扩大语言实验室教学规模，并将计算机技术和网络技术作为语言教学实验室的技术支撑，希望真正将信息技术引入英语教学，使信息技术和英语教学相结合，以及建构新型教学模式奠定坚实的技术基础。

相较于传统教学方法，英语教学过程与信息技术的结合，可以使英语课堂教学更具个性化和可操练性。推动信息技术发挥其教学功能的是信息化教学资源。但是，由于缺乏剪辑和编辑，视觉教学仅仅是教师放映和学生观看的单向学习过程，而非由教师、学生和设备三者互动所构成的互动教学过程，无法达成训练和提升学生听、说、读、写能力的目标。此外，硬件建设和软件建设并没有同步进行，这会限制现代教学设备的功能或作用，无法取得理想的教学效果。因此，为了更好地发挥信息技术对英语教学的促进作用，推动信息技术与英语课堂教学相融合，从而达到优化教学过程和增强学生听、说、读、写能力的目的，学校就需要加快英语教学资源信息化建设进程。

（二）英语教学模式改革的需要

英语教学模式的改革要求教学必须“以生为本”展开，即由学生自主使用计算机来实现个性化的学习。这种模式能够使学生摆脱教师的束缚和时间和空间的限制，使其尽可能按照学习目标来选择自己的学习内容，并运用学习策略对学习进度进行自我控制，从而取得最佳学习效果。

教师在教学过程中通过设计、展示、合作与评价等方式来完成主导教学的任务，从而使课堂教学更具有多样化与趣味化特征。同时，教师可针对学生的不同特点采取灵活多变的教学方法和选用不同的教学内容，为学生提供集体或者个别辅导。将信息技术运用于教学，为英语教学改革由教师主导转向学生主导、由统一化转向个性化提供了技术保障，也为英语教学模式的改革奠定了硬件基础。

现代英语学习是以资源为基础的学习，因此，为学生提供大量的学习资源成为基本要求之一。丰富的学习资源能够拓宽学生的自由选择渠道，进而提高学生的学习自主性。因此，学校应加快英语教学资源信息化建设进程，推动自主学习教学模式的构建，突破传统课堂教学模式的局限，发挥学生学习的主动性和积极性，增强学生学习兴趣，以提高课堂教学质量。

三、英语教学资源的信息化建设

（一）网络英语教学资源建设

1. 网络英语资源的类型

（1）文本资源

在信息技术高度发达的今天，大部分的新信息是通过文本来发布的。文本资源是网络资源中最常见、最丰富的资源。在英语教学和研究中，要了解语言的发展趋势和最新研究动态，只需输入关键词就可以在搜索引擎中检索到想要的信息。传播速度快是网络资源的优势之一。信息的范围广、内容丰富是网络资源的另一大优势。当我们在教学中感觉到所使用教材内容太陈旧、题材受限制和需要更多的文本材料以补充所教内容时，就可以利用互联网搜索与教学有关的文本资料。例如，在英语阅读教学中，教师可在英语报刊网站选择适合学生语言能力的各种题材最新的文章，让学生全面了解英语语言国家的背景知识和新闻轶事。利用网络资源使教、学双方摆脱了书本知识的局限性，摆脱知识陈旧和语言不真实的问题，使学习者所学的知识和了解的信息与时俱进，使研究者的研究总是走在时代的前沿。

（2）视听资源

英语教学的最终目的是使学生掌握语言知识、语言技能，培养他们正确的文化意识、学习策略和情感态度，提高他们综合的语言应用能力。教师在教学中，除了向学生传授语言基本知识（语音、语法、词汇等），还应培养学生的听、说、读、写能力。我国英语教学缺乏语言环境，学生的听、说能力得不到应有的训练。而网络上的视听资源是广泛的，真实性强的视听素材对培养学生的听、说能力很有帮助。利用好这些视听资源将会大大地提高学生的听、说能力。网络视听资源主要有广播新闻（如 BBC、VOA 广播）、影片视频（如 YouTube、CNN）等。这些英语视听资源形式多样、内容丰富，不受时间、空间的限制，且时效性强，英语发音地道、纯正，对培养学生的交际能力很有帮助。网络视听资源的下载和使用也十分方便，如今已被许多英语教师用于视听课教学之中。

（3）在线词典、翻译工具

在线词典是基于网络环境，为用户提供实时词语查询服务的数字化参考工具。互联网上的在线词典不仅种类繁多、数量巨大，而且语种齐全、专业性较强。在线词典已经形成了一个庞大的包括多语种、多学科和多类别词典在内的资源库。

近年来，各主要权威性辞书出版社都出版了自己的网络版词典，如英国牛津出版社出版的“牛津英语在线词典”等，其在内容的权威性、释文的经典性和条目的完备性等方面都具有一流的水平。基于庞大的网络语料库的免费网络词典，如网易公司旗下的“有道在线词典”，其在检索新词和汉英翻译方面具有独特的作用。此外，在线词典以及部分搜索引擎除具备词典功能外，还能进行在线短文翻译。

(4) 语料库资源

语料库在英语教学和研究中所发挥的作用越来越大。通过检索网络语料库，教师可能得到真实、地道的语言例句，或是进行语言对比分析研究。目前网络上可直接免费使用的语料库有英国国家语料库（BNC）、柯林斯伯明翰大学国际语言数据库 COBUILD 等。BNC 是英国牛津大学出版社、朗文出版集团、钱伯斯－哈洛普出版公司、牛津大学计算机服务中心、兰卡斯特大学英语计算机中心以及大英图书馆等联合开发建立的大型语料库，该语料库书面语与口语并存，词容量超过 1 亿条，包括国家和地方报刊、理论书籍、通俗小说、大学论文、信件以及谈话录音文本等。COBUILD 是信息网络时代最早出现的大型英语语料库，英语库词容量已达 4 亿 5000 万条，可在网络中直接检索的试用语料库含词 4500 万条。COBUILD 已成为柯林斯词典和语法书的语料来源。以上两个语料库均取材广泛、规模宏大，实为不可多得的语言学习工具。

在英语教学中，纯粹的课本或辅导书已经不能满足师生的要求，教师需要更为全面和真实的语言实例。通过检索网络语料库，教师可以将真实的语料应用于英语教学中，使语料库成为英语教学的又一种资源选择。将语料库应用于英语教学可以改变传统的以教师为中心的教学模式，鼓励学生参与，充分调动学生在学习中的主动性、能动性和积极性，帮助学生在丰富的语言实例中找出共性，得出规律。教师也可以更形象、更直观地向学生展示各项语言知识。不过，教师要事先挑选好合适的语料库资源，否则会造成盲目学习或者课堂混乱的结果。

2. 网络英语教学资源建设的原则

(1) 科学性原则

科学性原则决定了网络英语教学资源的设计应符合教育规律，并且设计的内容应结构合理、前后一致。具体来说，教学资源内容一定要与英语教学大纲一致，设计者不应任意改动或删除，同时，学习资源内容结构应合理而非一味拼凑。此外，对各类学习资源内容的描述应一致，否则将造成学生学习时的混乱或迷茫。

(2) 教学性原则

英语教学资源并非简单的知识点列举，利用英语教学资源时也不能脱离现实教学环节。虽然网络英语教学资源提供了知识、信息，但也要给教学触发机会，给学生可攀缘之手，不应让他们感到太难或太简单，更不能让他们觉得太枯燥，丧失学习的兴趣。

（3）可接受性原则

学习者个体差异决定了对不同媒体资源的喜好，但是多数个体对于同一资源的认知程度是相对接近的。构建网络英语教学资源一定要充分考虑到多数个体的接受程度。

（4）使用方便的原则

选择网络课程资源时，普通师生只要使用网络教学软件就可以找到自己需要的课程资源。因此，网络英语教学资源建设应选择最优的课程学习导航技术进行导航路线设计，并在各功能模块登录过程中使用同一用户名及密码，以方便用户使用。

（5）互补性原则

网络英语教学资源设计者在进行资源设计时，应充分考虑各资源的特点，使资源优势互补，并与课堂教学相得益彰。设计教学资源时不应盲目求大、求全，以免造成资源浪费。

（6）交互性原则

以学生为主体进行教学活动是信息化教育的显著特点。学生在自主学习过程中，不能机械、被动地利用学校所提供的一切资源，而是要灵活利用，以利于知识迁移。有效利用显性交互资源和技术，以及充分发掘隐性交互资源和技术，是构建网络英语教学资源的要点。在网络英语教学资源建设中，教师应该努力发掘各资源之间的交互关系，以此来创设英语学习情境，并且更好地激发学生学习兴趣，使学生有效地把握学习过程。

（7）时效性原则

随着科技的迅猛发展，知识更新的速度也变得越来越快，于是就会出现“旧的教材无法解决新的问题”的情况。因此，在设计网络英语教学资源时，教师需要确保快速更新的知识点能及时地发布在易于调整的资源中，这样可以方便地进行补充和更新。

3. 网络英语教学资源建设策略和方法

（1）依据课程标准建设

在建设网络英语教学资源时，教师应当紧随教学改革的最新趋势，以课程改革的核心思想为导向，集中精力开发一系列与新课程标准相符的教学资源，如新教材的在线学习课程、有助于学生全面发展的研究性学习资源和主题网站资源等，以便更好地满足课程改革的各项需求。

（2）遵循国家技术规范和标准

网络英语教学资源的建设应遵循教育部发布的《现代远程教育资源建设技术规范》《教育资源建设技术规范》和《基础教育教学资源元数据》等，并确保资源建设具有高度的开放性、兼容性和可持续性，从而真正实现国内外优质资源的共享。

（3）自建与购买并重

积极地引入或购买成熟的课程资源、电子图书馆资源、影视资源和互动英语教学资源等高质量的教育资源，并对其进行深度的加工和改造，以实现资源的共享；或者是独立研发，确立有效的管理机制，组建一支高质量的资源建设团队，明确收集与开发适应教学需求的网络资源的目标。

（4）全员参与，共建共享

学校是网络英语教学资源的创建者和应用者。组织学校基础资源建设工作，要在确保思想性、科学性、教育性、实用性和安全性的前提下，对现有的网络英语教学资源按学习主题（模块）进行挖掘、提炼和重新组合，以实现经验和智慧的共享，同时要加大区域资源的开放和共享力度。所有教学单位都应确立宏观视角，消除学校和社会教育机构之间的共享障碍，确保高质量资源得到共享。在尊重教师的劳动成果和版权的基础上，应该鼓励教师之间更多地分享案例、课件和教研成果，以实现教学资源的开放和共享。

（5）骨干带头，活动推动

政府部门可以颁布相关的政策和措施，来加强网络英语教学资源核心队伍的建设，提升教师在资源利用和研究方面的能力，从而为网络英语教学资源的建设和应用储备更多的教师资源。各级各类学校可结合自身特点开展形式多样的活动，鼓励师生积极参与网上学习交流和资源共享。各相关单位应与市、区县信息中心紧密合作，通过多种竞赛和评选活动，积极征集具有自主知识产权的高质量资源，如教学设计方案、主题教学案例等，并加以推广和共享。

（6）科研拉动，任务驱动

科研单位应该积极地进行英语教学资源的建设与应用研究，利用科研的力量、专家的智慧和先进的经验，结合教育的前沿理论，指导学校进行本课题的行动研究，从而推动资源建设方向改革，提高资源应用率。在课程资源整合中，应选择科研立项的方法，依赖项目学校和责任教师的支持，实现分工与合作的完美结合，推进模块化和系列化的建设。以任务为核心，将终结性评价转化为过程性评价，持续追踪资源开发的全过程，并最终进行评估、试验和推广。

（二）英语同步教学资源库建设

数字化教育资源库是数字化学习的重要支撑，也是教育信息化建设的重要内容。国家的大力支持和教育部门制定的一系列措施促使我国教育信息化建设在硬件设施的建设上已初具规模，同时要加强软件资源的建设。目前互联网中的信息以指数方式增长，这些资源不仅在内容上多种多样，在表现形式上更是丰富多彩，其不足就是资源过于分散无序，与现行的新课程标准不能很好地同步、匹配。因此，建设英语同步教学资源库，并在大范围内共享教学资源对于英语教学资源信息化建设而言十分重要。

1. 英语同步教学资源库概述

（1）英语同步教学资源库的内涵与意义

英语同步教学资源库就是根据现行的课程大纲要求和目标，将分散无序的教育资源整合起来，从而构成按照一套系统的、与课程大纲同步的教学资源集合。

英语同步教学资源库的建设有两个层面的意义。首先，随着我国终身教育体系建设战略的提出，数字化学习支撑体系以及数字化教育资源库将会有更广泛的应用需求，英语同步教育资源库的建设能够使师生高效方便地将其应用于自己的教与学的过程中，并在大范围内实现优质资源的共享。其次，随着我国教育信息化的逐步拓展，英语教学资源越来越丰富，教学资源的有效管理成为英语教学信息化的关键。英语同步教学资源库既为各类学习内容对象提供高效的存储管理，又为各种使用者提供方便快捷的存取功能，还为教学管理者提供资源访问效果评价分析，从而系统地提高教学资源对象的利用率，促使英语教学资源更好地为实际教学系统服务。

（2）英语教学资源库的资源类型

目前各类英语教学资源库的建设各具特色，其开发思想基于强大的教育资源系统管理平台，这些资源库根据不同年级，与新大纲、新教材配套进行设计，包含大量教学素材，具体细分到每一课或每一单元知识点的内容，素材之间的关联以知识点为基础，然后在此基础上对资源库进行拓展。根据英语教学的特点和实践，同步教学资源库的建设一般包括教学素材库、教学课件库、实验素材库、试题／试卷库、备课资料库、教学案例库、参考文献库和工具软件库八大模块。

2. 英语同步教学资源库的构建

(1) 英语同步教学资源库建设的原则

英语同步教学资源库的建设应以现代教育思想和理论做指导，通过设置超级链接、提供多媒体资源等技术手段，构建起以师生为主体的内容丰富、形式生动、交互及时的资源库平台。其设计原则具体表现在以下几个方面。

①教学性原则。英语同步教学资源库建设必须针对教学的需要，紧紧围绕学科特征、课程大纲和目标来建设，并且要考虑教学应用的实用、快捷和高效性，做到与现行的课程目标同步。

②多媒体化原则。英语同步教学资源库的内容呈现形式应该是多媒体化的，这样可以恰当、生动地传递教学内容。因此资源库要提供大量的文本、图像、音频、视频，同时也鼓励采用超媒体以及流媒体等技术。

③个性化原则。英语同步教学资源库使用的主体是教师、学生和教学管理人员，资源库应该允许用户自主选择学习内容，提供个性化的定制服务，如资源库中的用户个性化空间，由用户自主决定定制、分享何种资源。

④标准化原则。英语同步教学资源库建设应以教育部颁布的《教育资源建设技术规范》等标准为指导，并结合学科、专业和课程特点制定资源建设标准。此外，为增强资源库的可移植性，资源建设过程还应该遵循一定的数据标准。

⑤开放、共建、共享原则。开放是指选择相对容易调整的英语同步教学资源库建设方式；共建是指鼓励教师参与到英语同步教学资源库建设中来；共享是指在保证资源共享的基础上进行交流和合作。

⑥易用性原则。英语同步教学资源库要结构化、系统化组织各种课件、教学案例、教学设计、教学反思和教学手记等资源，并为用户提供便捷的搜索功能。

(2) 常见的英语同步教学资源库建设模式

英语同步教学资源库通常有三种建设模式。一是通过专题网站形式构建英语同步教学资源库，这种方式指针对某一个专题而创设的网站，是一种很有针对性的资源库建设方式。二是以学科资源网的形式构建英语同步教学资源库，将不同课程的教学资源通过网页的方式链接在一起，由此而形成的资源网站。三是通过平台集成的方式构建英语同步教学资源库，该模式利用现成软件系统平台对批量资源进行管理，这种建库方式快捷、方便。

第二节　英语教学平台的信息化

一、英语教学平台信息化的支撑

（一）教学信息资源库

教学信息资源库是英语教学平台信息化的重要组成部分。它包括英语多媒体素材库、英语教案库、英语课件库、英语试题库和英语学科资料库等。同时，英语教学信息资源库不仅能为师生提供全文检索、属性检索和资源的增减与归类功能，而且还可以提供压缩、打包和下载等功能。因为前文中已对英语教学资源信息化建设做了详细介绍，所以在此不再详述。

（二）多媒体教室

如今，多媒体教室已成为学校的标准配置，它将辅助教师轻松、便捷地完成英语教学任务，这标志着多媒体教学进入新的发展历程。多媒体教室是目前在国内应用较为普遍、广泛的一种信息技术教学工具。它利用最新的计算机技术，集普通的计算机室、语音室、视听室等传统教学设备的功能于一身，为学校提供了一个功能强大的多媒体计算机教学平台。多媒体教室不仅能为英语教学提供丰富多彩的多媒体内容、辅助教学工具及通信交流工具，而且能够把视频、图像、声音、动画和文字等信息实时、动态地引入英语教学过程。

通常情况下多媒体教室的构成包括三大部分：计算机网络系统、教学辅助系统和教学资源系统。

1. 计算机网络系统

多媒体教室中的计算机网络系统一般是在教室范围内的局域网，为了便利地获取互联网上的信息资源，通常有一个网络出口。网络连接通常采用以太网拓扑结构。网络中服务器除了存放本地教学资源库，还提供文件传输协议（FTP）、电子邮件（E-mail）等应用服务，网络教室中的用户可以连接到校园网或互联网。

2. 教学辅助系统

教学辅助系统主要指多媒体教室中的各种辅助教学设备。目前多媒体教室较为广泛的构成是计算机加投影。该教学手段形式新颖、表现方法多样，但在实际应用中其效果受教师的多媒体课件制作水平影响较大，再加上有线话筒、键盘和鼠标的限制，教师往往离不开讲台，主要时间都在“演示”课件，课堂教学成了“电灌”和“网灌”，教师成了课堂上的放映员和讲解员，学生则变成了记录员，师生之间缺乏互动交流。教师无法观察学生的情感态度，无暇顾及学生的理解与反应，难以有效发挥教师的主导作用，无法让学生参与教学，课堂气氛沉闷。

而在互动型教学辅助系统中，多点触控电子白板替代投影幕布，超短焦投影仪和无线话筒让教师远离讲台，回归“黑板＋粉笔”的讲课状态的同时，还能使用现代“电教平台”。交互式电子白板既可以像传统的黑板一样，用手指书写、圈点、批注和标记，又可以利用丰富的教学资源、课件进行教学。同时，配备一块相同大小、同种材质、无互动功能的笔写白板，这是为了整体美观，并作为教师逐步适应完全手写的过渡。

3. 教学资源系统

教学资源系统是计算机网络教室系统中不可缺少的组成部分之一。根据教学资源系统的功能可以将其分为教学资源库、虚拟实训和远程辅导三个部分。

教学资源系统为英语教师的教学和学生自主探究性学习提供了一个良好的互动平台，有利于学生自主创新能力的发展和培养，并且是英语教育信息化发展、实现英语教育现代化的核心和关键。

（三）在线教学系统

1. 在线教学系统的功能

在线教学系统是现代远程教学系统的重要组成部分，它一般有直播式、点播式和双向实时互动式三种应用方式。现代远程教学系统中在线教学系统突破了时空的局限，以其更强的交互性、共享性得到了广泛的应用。

2. 在线教学系统分类及特点

(1) 按同步方式分类

网络视频教学系统按照教与学是否同时进行的标准，一般可分为实时（同步式）和非实时（异步式）两大基本类型。

实时在线教学系统通过计算机网络和多媒体技术，将教师在现场教授的内容（如语音、数据和图像）和教学过程转化为便于在线传输的视音频媒体。然后，这些媒体内容会通过现场直播的方式实时传送到远程教室或学生使用的终端设备上，以便学生能够进行同步学习，这就是实时在线教学。

实时网络视频教学系统打破了传统课堂教学距离和空间的局限性，使分布在不同地点的学生可以在同一时间听教师授课。这样就扩大了听课学生的规模，实现了教学资源的共享。实时网络视频教学系统根据学生是否可以通过视音频和教师进行实时的交流，如向教师提问等，将学生划分为双向实时互动式和单向广播式两种类型。

非实时在线教学系统通过计算机网络和多媒体技术，将教师在现场授课的内容和过程转化为便于在网络上传输的视音频媒体，然后将这些视音频媒体存储在服务器上，并通过点播的方式播放，以供学生进行非实时学习，这就是非实时网络视频教学。

（2）按应用方式分类

基于“同步方式”的分类，从具体应用的角度可把网络视频教学系统分为三种类型：单向直播式、点播式和双向实时互动式。

单向直播式网络视频教学系统是一个实时的教学平台。由于其信息传递是单向的，学生在特定的时间只能被动地吸收视频教学内容并进行同步学习。教学的进度完全由教师来决定，缺少互动。然而，这种方式打破了传统课堂教学的空间限制，允许教师和学生在空间上进行分离。这种师生在空间上的分离性，一方面拓展了课堂的空间，使学生可以不受地点的约束，如在家里就可与其他学生一样进行同步学习；另一方面实现了资源共享，不同学校的学生可以共享同一位优秀教师的资源。学生聆听名师授课，由此扩大了教学规模，提高了教学质量。

点播式网络视频教学系统是将教师讲解的内容和流程录制为多段视频，并将其存储至网络服务器上。这样学生就可以在任何时间和地点，根据自己的需求，自由选择内容进行异步学习。

点播式具有一定的交互性，学生的学习一般是主动进行的。点播式同样打破了传统课堂授课的空间局限，因此，具有与单向直播式网络视频教学相同的优点。另外，在点播式的视频教学中，学生对授课内容的选择和学习进度的安排具有更大的自由度。这种自由度表现在以下几个方面。学生可以自由选择自己感兴趣的授课内容进行学习。对于选定的特定的授课内容，学生还可以通过视频播放器控制按钮按“快进”和“倒退”进一步有选择地学习，如跳过某些相对较简单的授课内容、对较难的授课内容进行反复观看学习等。

双向实时互动式是通过计算机网络和多媒体技术来创建一个与传统课堂相似的实时教学环境，即虚拟课堂。它通过网络把教师、学生以及各种信息资源有机地结合起来，形成一种新型的教学模式——交互式电子白板技术模式。在这样的教育背景下，教师与学生能够像在传统的教室环境中那样展开双向的互动与交流。

双向实时互动式和单向直播式都属于实时的网络视频教学系统，两者的共同之处在于都打破了空间的局限，覆盖范围广；不同之处在于双向实时互动式采用了双向直播的方式，实现了从教师授课现场到远程教学终端一点对多点的实时广播和从远程教学终端到教师授课现场多点对一点的实时广播，弥补了单向直播式的单向传输、缺乏交互性的缺点。

在双向实时互动式网络视频教学系统中，不仅教师现场授课情况可以通过网络实时传送给学生，而且学生的听课情况也可以通过网络实时地传送给教师。教师在授课过程中就能像在传统课堂中一样，看到学生的表情和动作，听到学生的声音，从而根据学生的反应及时调整教学节奏，并可与学生进行面对面的交流互动，从而取得更好的教学效果。实时授课、实时交流和面对面的双向互动交流是双向实时互动式网络视频教学系统区别于其他形式网络视频教学系统的最显著特点，也是其最大的优势。在网络教学中采用这种形式会极大地改善教学效果，尤其是一些对学生参与程度要求较高的课程，如外语教学。

二、英语信息化教学平台的类型

（一）虚拟教室

1. 虚拟教室的概念

虚拟教室是运用计算机技术、多媒体技术、数字压缩技术和网络通信技术等信息技术，将多学科、多领域融合交叉而形成的产物。它是在计算机网络的基础上利用多媒体技术构建成的教与学的环境，可使身处异地的教师和学生相互听得到、看得见。

虚拟教室是基于建构主义的理论构建的，它融合了计算机多媒体、网络和现代通信等技术，形成了数字化网络教育平台。该网络教学环境为教师和学生提供了一个与传统教室相似的场所，而且没有时间和地点的限制。

2. 虚拟教室的特点

虚拟教室为英语学习者创新能力的培养提供了一个虚拟的教学环境。通过虚拟教室，英语学习者可以进行网上“研讨式”教学，体现了交互对象、交互内容、交互方式、交互媒体的多样性，突出了创新教育，并且实现了教学资源共享。虚拟教室具有以下特点。

(1) 教学灵活性

只要提供这种模式的课程，学生就可以任意选取教室中的所有课程。在虚拟教室中，教师的教和学生的学不受时间、空间的限制。只要有一台连入网络的计算机，教师和学生就能够在任何时间和地点进行教与学的活动，学生可以与各地的教师和学习伙伴便利地交流。

（2）地域不限性

在全球的各个机构中，只要有这种教学模式的课程，学生便有权自由选择教师提供的全部课程，而不受他们所在地区的课程和学位计划的约束。这就是虚拟教室的功能之一。分布在全球各地的不同国家、民族、语言和肤色的学生，都可以在虚拟教室中共同学习和交流。因此，虚拟教室为社会和经济带来了巨大的益处。

（3）适应创新教育需要

虚拟教室为培养创新人才提供了一个个性化教学环境，提高了学习者的自主性与自由度，使学生在研究中学习、在创造中学习和在探索中学习。

（4）教学管理自动化

在虚拟教室系统中，许多教学管理可以由系统自动完成，如学生注册、作业收集、成绩统计和反馈信息的收集等。这既节约了人力资源，又提高了教学服务质量。

3. 虚拟教室在英语教学中的应用

（1）将虚拟教室运用于英语课堂教学

遵循教育改革的指导原则，现代学校倡导“学生为核心、教师为补充”的教育理念。随着计算机与互联网技术在教育领域的普及，传统教学模式受到了很大冲击。大量的科技知识被引入英语教学中，如多媒体技术的应用。传统的教学手段已不能适应当前社会发展的需要。现在，教师有能力通过使用虚拟教室，把学生引入英语学习的模拟环境中。这种教学手段使抽象难懂的英语变得形象生动。在英语教学过程中，教师可以运用虚拟现实技术，让学生与他们所崇拜的人物直接进行对话，从而使学生深入体验英语语言的特质。例如，在讲授关于美国人物的文章时，教师可以将该人物的经历融入虚拟教学环境中，这样学生就能“直接”体验到该人物的个性，并因此获得更丰富的英语知识。

（2）将虚拟教室应用于英语实践教学

部分学校仍在采用传统的英语教学模式，单纯地向学生灌输知识，却忽视了学生对所学内容的掌握和实际应用水平。尽管部分学校已经在推行多媒体教学手段，但主要还是在室内进行授课，很少有机会进行外出实践活动。在英语教学过程中，利用虚拟教室可以显著增强学生在户外的实际操作技能。学生可以在虚拟的社交环境中学习，如外资公司的招聘现场、企业的工作场所等。这些外部环境极大地提高了学生毕业后在职场或日常生活中的实际操作能力，使他们能够身临其境地感受到社会对英语人才的需求，以及英语在社会中的实际应用情境。

（二）智慧云教学平台

1. 智慧云教学平台的含义

互联网为智慧云教学平台实施网络教学搭建了技术框架。智慧云教学平台是基于网络基础设施建设而成的，并通过计算机网络编程来实现在线教学。智慧云教学平台的后端由系统程序和数据库组合而成，前端则是网页界面。因此，智慧云教学平台是一个以数据库为基础的信息管理和发布平台，其核心原则是提供教学服务。该平台的用户主要包括讲授者、学习者以及管理员。

智慧云教学平台把文字、图形、影像、声音及其他多媒体教学软件的先进技术有机地融合在一起，利用网络讲座、E-mail 等信息技术进行教学，使得知识信息的传递方式和空间都有了极大的拓展。

智慧云教学平台一般分为以下两个层次。

（1）网络技术平台层

网络技术平台层负责传输教学多媒体的信息流，它是教学应用平台的基础部分。网络技术平台层涵盖了狭义上的基础网络平台、企业计算与存储平台、信息系统策略管理、Internet 环境下的信息系统安全体系、基础应用服务平台以及接口技术。

（2）教学应用平台层

教学应用平台层为学习者提供了一系列与教育相关的具体服务，成为学习者主要的网络学习工具。从理论角度看，各类智慧云教育应用软件，如多媒体学习系统、智能答疑系统、作业提交系统、分布式考试系统、论文答辩系统和分布式教务管理系统等，都是教学应用平台层的组成部分。

2. 智慧云教学平台的特点

（1）知识的可重复性

由于智慧云教学是网络化的在线学习，不受时间、场地限制，学习者可以在任何有学习需要的时候调用学习资源进行预习和复习，充分巩固学习效果，避免了课堂学习容易遗忘的情况，同时还不会影响正常的工作。

（2）知识的网络化

在智慧云教学平台中学习的知识不再是一本书，也不再是几本参考书，而是有关的专业知识和数据库。在数据库的支持下，知识体系被重新划分，学习内容被重新组合，学习与研究方法发生了新的变化。

（3）学习的随意性

在智慧云教学平台中学习的终端是学生桌前的计算机，学生不一定非要循规蹈矩地按照一定的顺序来学习，完全可以按照自己设定的学习进程进行学习。当学生在学习过程中遇到问题时，凭借网络提供的丰富的知识库或者与教师和其他学生的非实时交流，可以获得相应的帮助。

（4）学习的可跟踪性

在智慧云平台教学中学生的所有学习活动都可以被记录下来，作为评估学习效果和分析学习需求的依据。

（5）学习内容保持及时、持续的更新

在智慧云平台教学中所有的知识内容（包括学习教材在内的各种学习资源）可以在第一时间内更新，保证了知识的一致性。

3. 智慧云教学平台的体系结构

智慧云教学平台的体系结构通常由学习管理系统、虚拟教室工具、套装式在线教材、定制化在线教材和在线测验等多个模块组成。具体涉及网络课程开发系统、网络教学辅助系统、网络教学分析系统和网络教学资源管理系统，以及与之相关的应用系统的接口。前四个部分各自负责在线课程的开发、网络教学的实施、网络教学的分析以及网络教育资源的管理和维护，而第五部分则专注于解决网络教育实施过程中可能遇到的相关应用接口问题。

4. 英语智慧云教学平台的功能

（1）互动教学

作为英语信息化教学平台的主要功能，互动教学侧重支持同步教学模式与异步教学模式。

同步教学模式强调教师主导，即以教为中心。同步教学模式具备教学管理与交互的功能，教师通过教育媒体向学生传递教学内容、演示操作过程，然后再通过电子白板标记教学重点内容。同时，教师还可以实时监控学习者的学习情况，通过控制学习者的输入设备，完成同步操作。

异步教学模式强调学生的自主学习，即以学为中心。异步教学模式具备引导与建构的功能，教师可借助信息化教学平台制定英语课程教学大纲，并完成组织教学内容、教学资源和制作学习课件等工作；而学习者则可以在课堂中自主学习英语课程、完成作业和进行考试。此外，教师与学习者还可以实现异步答疑与评价等互动交流。异步教学模式是学生课堂自主学习的具体体现，教师通过指导向学生提供英语学习资源，如课程大纲、教学内容、网络课件、媒体素材，或者是提供个性化的辅导教学。

（2）智能答疑

受教学时间和教学精力等教学因素的限制，教师无法及时地解决学生遇到的学习问题或难题，这导致了学生在知识掌握上的不足。因此，建立问题解答机制是必要的。

智能答疑系统应运而生，其采用了尖端的自然语言文本分词技术，可以对学生的英语问题进行分析和匹配，自动地、智能化地选择最佳答案。此外，该系统还可以对问题的原因进行分析，并提供解决问题的详细方法和步骤。

智能答疑系统的模型以“问题－解答型教学交互”为主；智能答疑方式主要包括实时答疑和滞后答疑两种。学生通过基于 Web 的自动答疑机器及时地解决英语学习中遇到的疑问的方式，称为交互性实时答疑。对系统无法自动解答的问题将存储到“问题－解答”数据仓库中，后续由人工给出解答，这一方式称为滞后答疑。

（3）作业管理

在英语学习过程中，作业的管理——布置、提交与批改是非常重要的环节。教师通过这个环节得到英语教学效果的反馈，既可以了解不同学生的学习情况，因材施教，又可以发现教学过程或课件中存在的问题，采取措施加以修改、完善。因此，作业是沟通教师与学生的重要手段。

基于 Web 的多媒体作业系统作为远程学习系统的重要组成部分，不仅具有传统的作业发布与提交等功能，而且可以充分发挥网络的优势，使作业库的更新与维护更加方便。它还更新了传统英语作业的表现方式，以多媒体的形式来体现作业的内容，使作业的表现形式更加多样、学生对于内容的理解更加清晰。未来的网络是包含大量信息的多媒体网络，随着网络技术的发展，带宽不再是制约多媒体信息的障碍。这样，教师可以将描述英语作业内容的文本、图像、语言等多媒体数据组合在一起，加入作业库并发布在网络上。学生完成英语作业的过程同教师发布作业的过程相似，学生的回答也可采用多媒体形式。教师查阅学生提交的作业，进行批改并提出意见返还给学生。

（4）在线考试

作为网络教育的必要组成部分，在线考试系统是英语智慧云教学平台不可缺少的功能。通过考试，教师可以对学生的学习情况进行考核，了解学生的学习效果，为改进英语教学提供依据。同时，学生可以通过考试了解自己对所学内容的掌握情况，激发自主学习的热情。与传统考试相比，在线考试具有高效、快速的特点，使教师摆脱了搜集资料、选考题、印制考卷、考试、批改试卷、记录分数等繁重的工作。同时，在线考试突破了地域和时间的限制，任何人都可以随时随地开始考试，检验自己的知识水平。

（5）教务管理

在英语网络教学过程中，教师常常要对教学活动过程、学习者和与自己的相关信息进行管理和维护，因此，英语智慧云教学平台中必须包含一个教务管理系统供英语教师进行教学计划管理、课程设置和课程计划的管理，并提供教学内容。

第三节　英语教学信息化软硬件的融合

在教与学的实践活动中，为了对教学效率和效果进行优化而建立的信息化教学技术设施与条件，便是信息化教学技术环境。对于英语教学而言，构建信息化教学环境是实现教学信息化的必然要求，它能够为学校提供信息化教学手段和新型的教学模式，继而推动英语教学信息化教学的发展。英语教学信息化环境建设一般由两部分构成，即硬件环境和软件环境。

一、英语教学信息化的硬件环境

（一）多媒体教室

多媒体教室又称“多媒体投影教室”“多媒体演示室”，是根据现代教育教学的需要，由多媒体计算机、多媒体投影机、音像播放设备和集控系统构成的综合媒体教学系统。多媒体教室是教育现代化的标志之一，它能灵活地提供多种媒体信号、有效地完成多媒体组合教学、提高英语教学的效率，而且投资较少，维护、管理方便；能把教师从传统的“黑板＋粉笔”的教学模式中解放出来，避免了大量的黑板板书，避免了教室里的粉尘污染，减轻了教师上课的劳动强度，使教师能够从容、轻松地教学。因此，当前各级各类学校建设和使用最普遍的教育技术设施便是多媒体教室。多媒体教室的构成在上文中已有详述，在此笔者着重介绍多媒体教室的功能与设计。

1. 多媒体教室的功能

通常而言，一个多媒体教室应该具备以下几项基本功能。

第一，能连接校园网，使教师能方便地调用丰富的网络资源，实现网络联机教学。

第二，能连接闭路电视系统，充分发挥电视媒体在教学中的作用。

第三，能演示各类多媒体教学课件，开展计算机辅助教学。

第四，能播放录像、VCD、DVD 等视频教学节目。

第五，能展示实物、模型、图片、文字等资料。

第六，能以高清晰度的大屏幕投影仪显示计算机信息和各种视频信号。

第七，用高保真音响系统播放各种声音信号。

2. 多媒体教室的设计

学校在对多媒体教室进行设计时，应特别注意以下几个方面。

其一，多媒体教室应具有完备的设施与功能。多媒体教室应该能以先进的教学模式组织开展丰富多彩的教学活动，达到提高教学效率、增强教学效果的目的。同时，多媒体教室还应满足多学科多媒体演示教学及开展各种学术活动的需要，能让教师在教学中通过多种渠道和手段随时调用各种类型、不同来源的教学资源，如幻灯片、投影片、图片、实物、模型、录音带、录像带、CD-ROM 光盘、各类教学软件、各类网络信息等。

其二，多媒体教室应该营造具有现代气息、和谐舒适的教学氛围。比如，学生课桌和教师讲台力求样式新颖、结构简洁、色彩明快，并与教室窗帘、墙面、天花板的装饰形成一个和谐的整体，使教师和学生在多媒体教室里能以轻松愉悦的心情开展教学活动。此外，多媒体教室还应重视照明环境和声学环境的建设。

其三，多媒体教室应配备多种教学资源输入载体（如计算机、录像机、影碟机、视频展示台、话筒等）和输出载体（如投影仪、屏幕、音箱等）。

其四，多媒体教室要利用智能化技术对各种设备进行集中管理控制，将多种设备的操作全部集中到同一个操作界面上，该界面既可以是计算机软件界面，也可以是按键面板或集成遥控器，无论是哪个界面都应以简单明了的菜单方式提供给使用者。教师只需在一个界面上就能轻松自如地完成对各种教学设备的操作控制，从而大大提高设备利用率，减轻教师的劳动强度。

其五，多媒体教室在进行结构布局时，应考虑其整体结构的科学性及合理性，尤其是线路的布局，要确保今后在使用与维护时都能十分方便。

（二）多媒体网络教室

多媒体网络教室又称“多媒体网络机房”“网络教室”。在多媒体网络教室中，教师计算机可把文字、声音、动画、图像和视频等多媒体信号同步传送给学生计算机，并可控制、监视学生计算机的操作。利用多媒体网络教室，不仅可以开展多媒体教学，还可以进行分组教学和在线讨论等多种形式的教学。

1. 多媒体网络教室的功能

（1）实时广播教学

实时广播是指教师可以将屏幕内容或讲话声音传递给全体学生、部分学生或单个学生。实时广播包括屏幕广播和声音广播。屏幕广播不仅在一定程度上发挥黑板的作用，还可以插入各种精美图片、音视频动画或图像，丰富黑板的功能，提高课堂教学效果。声音广播则使网络教室具备语音室的功能。

（2）远程控制

远程控制是指教师可以根据教学活动实际的需要，要求学生机远程执行某种命令，取得相应的控制效果。例如，对学生键盘进行封锁／解锁，关闭、重新启动学生机；强行关闭学生机运行的某个应用程序、关闭学生屏幕，使学生专心听老师讲课等。

（3）学习监督

通过学习监督功能，教师可以在自己的计算机上观看和检查网络上全体学生、某个小组学生或个别学生的屏幕信息。这样教师不用离开自己的位置就可以了解学生的活动情况，及时进行指导或教学活动控制。

（4）学习视察

学习视察功能使得教师不用离开自己的座位就可以掌握学生的学习进展情况，及时对其进行指导或教学活动控制。

（5）实时分组

实时分组是指教师在教学过程中可以对全班学生按机号进行分组，组成学习小组开展学习活动或竞赛活动。

（6）在线交流

通过在线交流功能，师生之间、生生之间可以相互交流信息。交流的方式既可以是语音交流，也可以是文本交流。学生想和其他人交谈时，需要发一个请求信息，经允许后才可进行。

（7）电子举手

在教学过程中，学生如果想提问，可以随时通过自己的计算机请求发言，即所谓的“举手”。教师机上可以随时看到学生的“举手”信息，并决定是否允许学生提问。

2. 多媒体网络教室的教学应用

（1）多媒体课堂教学

在教学过程中，通过文本、声音、动画、图像等多媒体信息传达教学信息，可以激发学生的兴趣，提高教学效率和质量。在网络教室中，可以方便地将多媒体教学信息集成在一起，开展多媒体课堂教学。甚至可以把其他学校的直播课堂或网上学习资源引入课堂，极大地丰富了教学资源。同时还有利于教师对学生进行个别辅导，因材施教。

（2）利用网络教室资源进行自学

学生可以利用网络教室服务器提供的学习资源进行自学，如知识库查询、视频点播、浏览图书馆服务器上的信息，这时的网络教室相当于电子阅览室。如果网络教室连入互联网或校园网，还可为学生自学提供一个更加开放的、资源共享的学习环境。

（3）网络练习和测试

教师可以通过网络教室为学生提供课堂练习或进行考试，既避免了打印、发放试卷的麻烦，又可以及时了解学生的答题情况，甚至可以当场完成试卷评判，提高了教学效率。

（4）电子备课

教师开发电子课件经常遇到相关资料不足、文件较大和不容易移动等问题。如果在网络教室备课，就可以解决这些问题。网络教室中的资源库可以为教师提供丰富的资源，教师还可以把做好的课件存入资源库供课上调用，解决了磁盘装不下、不便于移动的问题。在网络教室备课还有一个好处就是可以实现资源的共享，如学校购买的教学资源可以存入服务器或教师机，同时供多个教师使用。

（三）多媒体语言实验室

多媒体语言实验室又称“多媒体语言学习系统”，是集计算机技术、多媒体技术及语言学习软件为一体的语言教学系统。利用多媒体语言实验室构建多媒体语言教学环境有利于优化教学过程、培养学生的综合语言能力、提高英语教学质量。而且在当前，多媒体语言实验室不仅适用于语言教学，还适用于教授其他学科。

1. 多媒体语言实验室的功能

多媒体语言实验室的功能具体有以下几个。

（1）控制功能

控制功能指多媒体语言实验室的教师控制台通过各种控制按键发出信号，对语言实验室设备进行各种功能控制，以保证整个教学过程有序地进行。

（2）双向教学功能

双向教学功能是指多媒体语言实验室可以帮助教师在教学过程中掌握和学生交流的情况，以便对教学情况进行有效的控制。

（3）显示功能

多媒体语言实验室的控制台和学生座位上设有工作状态显示灯，如呼叫显示、操作指令显示以及音量控制显示等，也可设置监视器显示视频图像。

（4）复制、编辑功能

在多媒体语言实验室中，教师可以复制、编辑所需要的教学、训练、考核等录音磁带，以方便教学。

（5）教学效果分析评定功能

在多媒体语言实验室中，教师在教学时可以对学生进行教学效果的分级评定，控制台上设置的打印机能迅速地打印出学生的学习情况，学生回答问题是否正确也可以在屏幕显示出来。

2. 多媒体语言实验室的教学应用

学校在教学中应用多媒体语言实验室时，应特别注意以下三个方面。

（1）要注意营造良好的语言环境

多媒体语言实验室可以利用各种视听设备，为学生创造良好的语言环境，通过视、听媒介获得图文并茂、声色俱全、形象逼真、情景生动的真实信息，使学习者能够更好地模仿、练习外国人的语音、语调、动作甚至表情，学到更加地道的英语。另外，这种“身临其境”的感觉也有利于学生听力的培养和语言技巧的形成，使学生的学习自主化。

（2）要注意提高课堂教学效率

多媒体语言实验室教学应引导学生各自集中精力、互不干扰、保持积极的学习状态，以提高学习的效率。

（3）要注意增加学生的实践机会

在学习英语的过程中，学生只有通过大量的练习和实践，才能熟练掌握和灵活运用英语知识。因此，在多媒体语言实验室中，教师要多引导学生用学到的语言知识来表达自己的思想，开展文化学术交流，提高自己的语言表达技能。

（四）校园网

校园网是校园内的一个局域网，即在校园内建立的为学校学习活动、教学活动、科研活动、管理活动和信息交流活动提供服务的校园内局域网络环境。它可与 Internet 连接，共享局域网内部和互联网上的各种信息资源。校园网主要由服务器、网络互联设备和网络传输线路等构成，其基本功能是为学校的教学、管理和科研服务。随着教育信息化进程的加快，校园网将成为学校必不可少的信息化教学与管理的基础平台。

1. 校园网的特点

校园网的特点，具体来说有以下三个。

（1）用户数量大

校园网是一个相对较大的局域网，要同时支持成千上万的用户上网。

（2）网络负荷高

由于要实现视频点播及多媒体网络教学，多媒体信息量大大增加。因此，校园网对网络的带宽要求比较高，网络管理及维护的工作量也比较大。

（3）利用率高

由于校园网是学校信息化的基础设施，频繁用于学校日常教学、科研和管理中，所以利用率较高。

2. 校园网的功能

通常而言，校园网要具备以下几个功能。

（1）支持科研

校园网可以使用户共享各类计算机软、硬件资源及学术信息资源，从而提高科研的效率。同时，校园网络还可以降低科研的成本，方便科研人员进行科研交流。

（2）支持教学

支持教学是校园网最为主要的功能，即由网络教学平台（如网络备课、网络授课、网上课程学习、网上练习、在线考试等）提供支持，以网络教学信息资源库作为信息来源，运用多种网络工具完成网络教学任务。

（3）支持教学管理

建立在校园网基础上的学校管理信息系统可以为学校人事、教务、财务、日程安排、后勤管理等方面提供一个先进的分布式管理系统，这能够大大提高学校管理的效率。

（4）支持数字图书馆建设

校园网的建设对数字化图书馆的建设与应用有着巨大影响，数字图书馆以数字化格式存储海量的多媒体信息并能对这些信息资源进行高效的操作，它的资源数字化、联系网络化、获取自主化等优点是传统图书馆无法比拟的。

3. 校园网的教学应用

在学校的教学过程中，校园网的应用主要体现在以下三个方面。

第一，校园网为教师提供了制订教学计划、备课、授课的网络环境，教师可以通过校园网进行网上教学，为学生提供练习、虚拟实验、课后自修、考试及评估的网络环境，可以在网上布置作业以及网上答疑等。学生可以在网上接受指导和获取新知识，而且可以通过网络课件进行自主学习，与教师和同学进行网上交流。

第二，教师可以通过校园网搜索备课素材，参考其他教师的教学计划，了解学生的反应，适时调整教学进度。

第三，教师可以通过校园网对学生的个体发展情况进行跟踪、记录，真正做到因材施教、个别化教学。

（五）校园有线电视网

校园有线电视网是指在校园内利用光缆或电缆来传输电视信号的网络。校园有线电视网除用于传输一般的新闻、娱乐等节目信号外，主要用于传输教育电视节目、远程教育信号和自办校园电视台信号等。

（六）远程教育中心

远程教育中心主要利用卫星、互联网等多种途径实现远程教学和教学资源共享。通过远程教育网络平台可进行授课、作业、测试、答疑、课后辅导和教务管理等。

（七）CAI 研制中心

CAI 技术可以帮助学校建立多媒体教学资源库、制作高质量课件，让广大教师能运用多媒体与网络技术开展教学，有条件的学校还可建立 CAI 研制中心。CAI 研制中心负责学校多媒体教学资源库的建设、更新、维护和管理，并负责对教师进行 CAI 课件制作培训和指导。

二、英语教学信息化的软件环境

软件环境是学校实施教育技术的必要条件和关键，而英语信息化教育的软件环境主要由以下几方面构成。

（一）软件系统

学校现代教育技术的硬件设施的作用要想得到充分发挥，必须配备完善的配套系统软件和应用软件。系统软件一般由硬件提供商提供，应用软件可以购买，也可以根据教学需要和学校的技术条件自行开发。常用的系统软件和应用软件有CAI课件制作系统、VOD点播系统、信息查询系统、办公系统及远程教育系统等。

（二）多媒体教学资源

多媒体教学资源有多媒体素材库、多媒体课件库、校园视频资源库、自主学习型网络课程库、讲授型网络课程库、精品课程库、教师教学网站群及数字化图书馆等。它是学校教育信息化的基础，对学校数字化教学的实现也起着关键的作用。一般来说，学校可通过两条途径来进行多媒体教学资源的建设：一是交流、购买；二是自行开发。

三、英语教学信息化软件与硬件结合的思路

对于英语教学而言，无论是信息化教学的硬件设施还是软件设施，都要在教学过程中有机融合，形成一个相辅相成的信息化教学系统，这样才能真正实现英语教学的信息化。要形成和谐的信息化系统就必须考虑如何将软件或是硬件有机地添加进教学系统中，使每个应用到教学中的软件和硬件都能充分发挥作用，而不会互相影响。此外，还要考虑到整个教学系统所展现的教学效果，因为英语教学信息化系统本身是为英语教学而服务的。

（一）充分重视各个因素在系统中的作用

英语教学信息化系统就是一个完整的“生态系统”。生态学认为系统中存在着很多生态因子，这些生态因子在性质、特性和强度等方面各不相同，但它们之间彼此制约、相互组合。在英语信息化教学系统中也是如此。英语信息化教学系统包含很多设施硬件和软件设施，如智慧教室、电脑软硬件、微课、慕课、即时通信软件、学习软件、网络等，这些设施也构成了一个“生态系统”。它们是英语信息化教学开展不可或缺的因素，并且每个因素都能起到不同的作用，如各种

不同的学习软件可以帮助学生深入理解和掌握英语知识，多媒体系统能够帮助教师将课堂知识内容生动有趣地展示出来，从而激发学生的学习热情。虽然不同因素所起到的作用可能不同，但是教师在设计教学过程的时候一定要明确每个因素所起到的主要作用是什么，并使每个因素的作用得到最大化发挥。

（二）保持教学整体开放性和交互性

在英语教学中，硬件和软件的选用，以及硬件和软件的融合并不是固定的。不同的教学内容或者同一教学内容的不同教学目标都会影响英语课堂教学的设置，从而改变硬件与软件的融合方式。例如，在进行英语口语训练的时候，教师只需要使用普通的、能够放映课件或视频的教室即可，学生可以通过教师所提供的图片或视频资料来进行口语练习；而如果使用过多的信息化教学设备就会造成一定的资源浪费，或者导致学生将注意力集中在设备或软件上，从而忽略课堂学习目标。又如，进行写作教学时，教师就可以使用带有英语教学辅助系统的计算机教室，让学生通过系统进行写作训练；有些先进的英语教学系统还具备自动评分功能，可以帮助教师进行写作批改和评价，有效提高了教学效率和教学质量。此外，在教学过程中，教师也可以随时根据课堂教学需要增加或去除教学设备。

英语信息化教学硬件和软件是为了教学而服务的，因此在使用过程中，教师不仅要重视对它们的利用，还要关注使用这些软硬件之后所取得的教学效果，从结果的角度来思考和设计硬件与软件在教学中的融合。

第三章　信息化背景下的英语教师素质培养

英语教学信息化的发展不仅有赖于英语教学与信息技术的融合，还有赖于英语教师信息素养的提升。本章内容为信息化背景下的英语教师素质培养，分别从三个角度进行了叙述，依次为英语教师的角色定位、英语教师的教学能力构成、英语教师的信息素质培养策略。

第一节　英语教师的角色定位

一、信息化教学对英语教师角色提出的要求

（一）转变教学理念

近年来，在现代信息技术的推动下，英语教学进入了高速发展期，大量新型信息化教育模式被运用在英语教学中。但是，很多教师的教学仍然难以满足信息化教学的需求，部分教师仍选择采用传统的教学理念和教学方法进行教学，这不利于教学效果的提升。因此，为推动教学信息化改革，教师应首先转变教学理念。

1. 教学培养目标的转变

（1）培养学生主动建构知识的能力

知识不能仅仅依靠教师的单向传授，也需要学习者主动建构。因此，教师应帮助学生转变为学习的主体，自己则发挥引导、协助的作用。英语学习分为输入和输出两部分，输入包括阅读输入、视听输入，输出包括文字输出、口语输出。在教学过程中，既需要教师的讲授和知识的输入，也需要学生不断地运用语言、不断地进行输出活动。学生应成为学习的主角，自己规划英语学习的进度、安排学习的时间、组织学习的研讨，教师则可以在其中起到为他们搭建脚手架的作用，如参与学生讨论、引导学生思考、协助他们完成英语学习任务。

（2）培养学生英语语言的综合应用能力

学生学习英语的最终目标应该是培养利用英语与人沟通、利用英语解决实际问题的综合应用能力。因此，在教学过程中，教师不仅需要向学生传授英语学科知识，还需要在其学习的过程中提供帮助和指导，培养他们的英语语言能力、自主学习能力、沟通交流能力以及积极创新的能力，在潜移默化中塑造学生的认知体系和学习体系。

2. 教学思路的转变

教师的教学思路应转变为分层次、分级别教学。学生属于一个群体，具有一定的共性。在某种程度上，他们具有相近的沟通能力、学习能力、认知水平和英语水平；但从另一种角度来说，他们也是独立的个体，在共性的基础上存在着差异性，每个学生都有自己的优势、弱项和特点。因此，教师在建构教学体系的过程中，应同时考虑学生整体的相似性和个体的差异性，设计符合其个体水平的、独特的教学流程和教学模式，从而使学生能够在相对自由、独立的学习空间进行自主学习。比如，教师可以将英语口语练习划分成几个层次，并上传至网络空间，学生可以根据自己的兴趣和水平选择合适的级别；或者教师可以将随堂测试进行分级并相应赋分，同时在课内通过移动平台进行发布，学生可以自主选择测试的难度和等级。以上定制式的学习模式能为学生建构独立的学习路径，鼓励他们根据自身需求自主学习。在开放的学习空间中，所有学生无须在同一时间内学习同样的内容，他们可以自由选择知识的级别和难度以达到自我完善的目的。这样的个性化设计充分地尊重了学生的意愿，既为他们提供了学习的自由、提高了他们的自主能动性，又培养了他们良好的学习心态、激发了他们学习的动力和自信心。

3. 教学思想的转变

教师要改变传统的以教师为主体的教学思想，使学生由被动学习者转变为主动学习者，使单一的接收性学习转变为多元的探究性学习。从传统观念来看，虽然以往的接收性学习能够在较短时间内实现知识的传递，但总体上只是用来灌输知识的一种途径，不利于学生开展自主探究。而探究性学习则不同，它尊重学生的想法，更容易释放出学生的天性，使学生在学习的同时建构起具有个人思想、个人感情的自我学习世界。在这个自我学习的世界中，教师协助学生成为自我成长者和自我培养者，鼓励他们追寻自我、探索环境、理解自然。在信息化的指导下，这种新的学习模式能够切实满足学生对于开放学习、自主学习以及实践学习的需求。

（二）提高教师的信息技术水平

在一定程度上，教师信息技术水平的高低已成为决定英语教学信息化水平高低的因素。但在目前，许多英语教师的信息技术水平无法满足信息化教学的要求，即英语教师缺少扎实的信息技术理论知识，缺乏丰富的实践操作经验。大部分教师没有接受过全面的信息化技术培训，没有系统地学习过信息技术理论知识，他们通过网络途径搜索、归纳和总结信息的能力极其有限。因此，这部分教师对信息化教学产生了强烈的抵触情绪，在教学中则体现为拒绝改变传统的教学模式、拒绝学习和使用新的信息技术，因此一系列英语教学方面的问题也随之产生。比如，教师无法根据现实的岗位需求建构与时俱进的教学模式，无法指导学生正确地使用信息技术设备，无法协助信息技术企业设计科学合理的英语实践实验。类似问题得不到有效解决，对英语教学的有效开展和学生英语综合素养的提升都是极大的挑战。因此，全面推进英语信息化改革、提升英语教师的信息技术水平势在必行。

在提升教师信息技术水平的问题上，我们需要着眼于思想提升和实践提升这两个关键因素。首先，要将信息技术置于教学的每一个细节，将其贯穿整个教学过程中。如此，在长期的教学和操作中，教师的信息化意识才能在潜移默化中得到激发，对于信息技术的认识也会更加深刻，教学思想也会更加开阔。其次，教师思想上的进步还能推动其实践操作水平的提高。如此，教师的信息素养便能在理论和实践方面得到全面的发展。

二、信息化背景下英语教师的任务

目前，针对英语学科推出的信息化教学丰富多样，可满足不同学段、不同群体英语学习者的需求。因此，如果教师能够充分利用信息技术来建构英语教学模式、搜索英语学习资源、创设信息化英语学习情境，就可以有效提高英语学习的趣味性、开放性和互动性，全面激发学生对英语学习的兴趣。接下来，笔者将对信息化背景下英语教师的任务进行介绍。

第一，英语教师在进行信息化教学设计时，需要将学生方面的因素、英语学科方面的因素、信息技术方面的因素进行有机结合。教师必须充分考虑信息化教学设计能否适应学生的学习能力、认知能力和英语水平；能否符合教学大纲、教学目标、教学模式的要求；能否充分利用信息化软件、信息化教学环境和信息化资源，并以此完成教学设计。

第二，英语教师应不断夯实信息技术的理论基础。教师可以通过阅读大量书籍、查找相关资料、接受系统的理论培训等方式来了解各种信息技术的内涵及正确的使用途径。目前，人工智能、云计算、虚拟仿真技术、教学移动App、网络教学平台等新型信息技术种类多样、快速迭代，如果教师不能充分了解它们的功能，不能从中挑选出合适的技术手段应用于课程，不能将信息化教学与学科特点相匹配，就难以实现教学效果的优化。只有教师具备扎实的信息化教育理论功底并将其自如地运用到英语实践教学中，才能建构科学有效的英语教学模式。

第三，英语教师应主动提升信息技术的实际使用能力。当前英语课堂普遍以大班形式开展，教师只有借助先进的信息技术才能克服“人数”的障碍。同时，教师可通过有效运用信息技术，开展符合学生个体学习水平和认知能力的英语教学，以充分实现教学的个性化和层次化。同时，英语教师可在新技术的支持下逐步完善英语教学设计，充分调动网络学习资源，帮助学生自觉形成良好的英语学习习惯，进而从总体上提高英语教学的效率，优化英语教学的效果。

第四，英语教师应利用信息技术全面提升学生的英语综合运用能力。英语学习的最终目的不仅在于掌握听、说、读、写、译等各项语言技能，还要培养学生利用英语进行人际沟通并解决实际问题的能力。因此，教师应根据社会对毕业生的要求、结合信息技术的各项功能，建构相应的英语人才培养模式、提升学生英语综合运用能力。同时，教师可利用信息技术使教学更具有成效。比如，教师可以利用虚拟仿真技术真实地模拟英语面试的场景，训练学生着装、口头语言使用、肢体语言表达等实战能力，提前为求职等实际应用场景做铺垫。又如，教师可以扮演文化传播者的角色，选取与教学内容相对应的网络报道、视频等，为学生展现生动、立体的文化知识，使他们直观形象地了解英语国家文化和传统，以提升其英语跨文化交际能力。

三、信息化背景下英语教师角色的定位

（一）信息化背景下英语教师角色定位的具体内容

第一，英语教师从传统教学中主导者的角色转变为教学的指导者。首先，随着虚拟仿真、人工智能、教学平台、手机教学 App 等新型信息技术应用于英语教学，学生获取信息的途径被拓宽，教师不再是提供资源的唯一渠道。在信息化背景下，学生可以在教师的指导下，通过互联网快速、自主地搜索符合自己兴趣和水平的个性化学习资源。比如，希望在英语语音方面得到提升的学生可以借助“英

语趣配音”平台，搜索发音指导并进行反复跟读训练；希望在英语写作方面得到加强的学生可以借助“批改网”“冰果英语”等写作网站，通过其作文批改等功能纠正自己写作中的语法、拼写、语用、结构等错误；希望在英语阅读方面有所提高的学生，可以借助国内的《中国日报》以及国外的《时代》周刊、《纽约时报》等进行大量的英语自主阅读。其次，通过信息技术所设计的英语教学流程和教学画面有强大的吸引力、多维的动画、有趣味的操作，可以给学生带来视觉、听觉、感觉等全方位的体验，从而提升他们对英语学习的兴趣和探索积极性。比如，英语虚拟仿真实验可以在教学内容中引入与学习、就业、生活紧密相关但受经济成本、时空等因素限制，不便在传统课堂内开展的主题，或者在教学方式上推进虚拟现实、人机交互等独立操作，以及在技术上引进云计算、语音识别、多媒体动画等手段，为学生提供高仿真体验，锻炼其实践型语言知识技能；借助情境互动，锻炼学生的认知能力和场景适应能力；借助人机交互和多元化项目操练，提高课堂趣味、提升学生自主学习的积极性；借助生动立体的教学画面，帮助学生了解英语国家相关文化和背景知识，培养其跨文化交际能力和综合语言应用能力。在上述教学过程中，学生能够自主参与到学习中，而教师只需要起到指导的作用，协助学生完成学习任务。

第二，教师应该成为学生的服务者。无论在课前、课中还是课后，教师都要为学生提供周到的信息化服务。比如，在课前，教师应充分收集与课程有关的信息资源、准确调试网络设备、预先做好网络课程规划、提前建立好网络平台；在课中，教师需指导学生操作信息平台，包括指导学生如何上传作业、如何查看学习成绩、如何在线发布信息等；在课后，教师可查看学生网络学习情况、统计分析网络学习数据回复、网上提问和留言、批改网上的作业。总之，在任何一个学习阶段，教师都需要发挥最优的服务职能，助力学生的信息化学习。

第三，在传统的教学模式中，繁重的英语教学任务使得大部分英语教师分身乏术，受到时间和精力的限制，他们大多无法深入了解和创新外语教学理论，但随着信息技术的突飞猛进，英语教学目标、教学要求和教学模式也在发生着日新月异的变化。因此，教师不能继续被动地执行教学计划，而应该尽快转变自身角色，成为新型英语教学理论的研究者、先进英语教学理念的创造者、多元英语教学模式的践行者。此时，教师应结合信息技术，学习、创造新颖的、高效的、系统的语言理论，引领英语教学方向，及时建构一套利于支撑课堂平稳运行的理论模型，并通过该模型向学生传递核心的语言学习思想，帮助学生在有限的学习时间内建立起科学有效、自主个性的学习方式、学习计划以及学习策略，从而使英语教学适应教育信息化，实现快速发展。

（二）信息化背景下英语教师角色定位转变的路径

近年来，随着信息技术的发展，整个英语教育体系都发生了巨大的变化。其改变具体表现在教育理念、教学内容和教材形式逐渐信息化、多元化；学生的学习方式有了更多自主性和灵活性；学生与教师之间、学生与学生之间互动性更强、协助性更高的关系模式也随之产生。因此，为适应并推进英语教学改革，教师的角色也需要及时进行转变。以下，我们将对教师角色转变的路径进行详细探讨。

1. 教师应当发挥“脚手架”的作用

在信息化教学过程中，教师应当发挥“脚手架”的作用，引导学生全面地建构知识体系，帮助他们及时地克服困难。同时，教师应在课前、课内、课后做好充分的准备，随时随地为学生提供个性化的学习服务。在教学活动的全过程中，教师也应扮演好引导者、协助者和服务者的角色。另外，教师所发挥的“脚手架”作用，其形式应丰富多样，可以是一个教学理念、一种教学方法、一套教学设计、一种教学设备、一类教学资源、一项教学策略，在任何能够给学生提供支持的领域发挥作用。但是，这个“脚手架”并不是永久的，一旦学生有了独立自主的学习能力，有了解决问题、分析问题的能力，有了积极主动的求知欲，教师就可以逐渐从帮助者转变为引导者，将分析问题、探索真理、克服困难等难度比较大的学习任务慢慢移交给学生，鼓励他们自己解决。如此，学生对学习的兴趣、积极性、自信心、能动性得以充分调动，教学质量和效果的提升也得以实现。

2. 英语教师应引导学生进行信息化自主学习

信息时代赋予了英语学习自主性的特点，为适应不断更新的教学理念和不断发展的社会需求，英语教师应运用信息技术培养学生积极主动的学习方式，从而逐步提高学生的学科知识水平和综合能力。具体来说，教师可以通过指导学生自主设定学习目标、主动挑选学习材料、自行对比学习方法、自我改善学习路径、自我审视与监督来帮助学生达成自主学习目标。另外，为了检验学习目标的达成情况，教师还需要指导学生建立自我评价标准和评价体系，并借此来推进学生自主学习进程。比如，教师可以利用混合式教学方法来培养学生学习的自主性，即教师在进行传统的线下集体教学活动的同时，可将网络教学平台作为承载课程资源、沟通学习过程的媒介，将在线英语视频观看、在线英语写作、在线语音练习、英语报刊网站阅读、英语新闻视听、在线讨论、在线英语问卷调查等学习任务延伸到课堂之外，为学生创造独立学习、自主探究、创造共享的契机。在这些更多元、更丰富、更以学生为中心的活动中，学生独立制订学习计划、探索相关任务，并通过合作、分享、评价等方式获得相关结论，他们的主动性、积极性与创造性也在教师的指引下得到更有效的锻炼与提升。

3. 教师应当加强学生的信息化个性学习

每个学生都是独立的个体，他们在英语学习动机、英语语言能力、英语学习习惯等方面都存在一定的差异。因此，教师应利用可进行分级、分层教学的信息技术，针对学生掌握能力的差异开展分级化、个性化的英语教学。比如，教师可以根据学生听、说、读、写、译等各项英语能力，将其划分为不同的学习小组，并运用对应的英语学习软件对各小组进行有针对性的指导。例如，教师可以借助“批改网”和“冰果英语”等写作评价软件，帮助写作方面不足的小组纠正语法、拼写、语用、结构等方面的问题；借助“英语流利说”“英语趣配音”等英语口语练习 App，帮助口语和语音方面不足的小组，纠正其在英语单词、单句的发音及口语表达方面的问题；借助“听力课堂”和“每日英语听力”等英语视听平台，帮助听力水平欠缺的小组加强精听和泛听训练。借助分级化、差异化的教学，不同学习能力的学生的需求得到了满足，其学习也得以更有效开展。

4. 教师应不断引导学生间的交流协作

教师利用网络学习平台将学生划分为若干个学习小组，每个组员可以把自己的英语学习经验、解题思路、对问题的看法等内容发布到互动区或讨论区，在组内共享最新的学习信息和学习方法。同时，小组成员可以实时接收消息并进行讨论。类似的分组学习方式在传统教学模式中已有实践。比如，传统的学习由于受到了空间和距离的约束，大部分学生为了方便交流会以寝室为单位进行分组。然而，在信息平台和社交媒体的帮助下，分组不再受时空限制，其形式更为多样，针对学习的效果也更显著。相距距离较远的学生也可以突破空间的限制，同等英语水平、有相同英语兴趣爱好或者英语学习习惯的小组可随时、随地、零距离进行沟通。这不仅加快了信息传递的速度，增加了学习的自由度，还拉近了学生之间的距离。

5. 教师应为学生提供更加信息化的教学资源

信息化优化了外语教学资源的获取途径，拓宽了信息获取的渠道，也给予了学生丰富的选择和高度的自主权。但是，在面对丰富多彩、种类繁多的信息时，学生往往不知如何合理地选择、利用这些资源。一方面，教师应当具备信息化资源搜索的能力，能够通过信息技术，获得有效、有用、有针对性的学习资源，根据英语人才培养模式和教学大纲的要求，结合社会的发展需求，对信息资源进行筛选、整理、归纳，并以符合英语语言学习规律的方式呈现给学生。另一方面，教师应当引导学生合理地利用网络途径，教会他们正确地筛选和判断学习资源的优劣，给予他们灵活利用学习资源的建议。比如，指导学生如何在英语资源网站获取有效的学习信息，如何通过数字图书馆搜索海量的学习资源，如何合理运用英语视听速记软件、英语写作批改软件、英语语音模仿软件、英语口语互动软件、英语泛读软件、英语精读练习软件等资源来辅助学习，从而更高效地达到信息化学习、个性化学习的目的。

第二节 英语教师的教学能力构成

一、信息化教学能力的概念和内涵

信息化教学能力是指教师在信息化教学环境下，运用各种技术和手段进行教学活动的能力总和，涵盖了组织、协调、监控、传播知识以及评估学生学习等方面的能力。随着科技和社会的发展，信息化教学能力的要求也在不断演进，对教师的能力素质提出了新的挑战。为了适应这种变革，教师需要具备传统教学能力以外的特殊能力。首先，教师需要掌握使用各种信息技术手段进行教学的能力，如制作多媒体课件、使用网络教学资源等。其次，教师还需要具备创新思维和创新能力，不断探索新的教学方法和手段，以适应不断变化的教育教学环境。最后，教师还需要具备团队合作和沟通交流的能力，能够与其他教师、学生和家长进行有效的沟通和协作。

教育作为社会的核心力量，需要紧跟时代的发展，积极适应信息化时代的教学环境。为此，教师需要具备理解和应用信息技术的能力，通过信息技术开展教学活动。这不仅要求教师掌握基本的计算机操作技能，还要求他们能够运用各种教学软件和在线资源，实现信息技术与学科教学的深度融合，提高教学质量和效果。同时，教师还需要具备数字化公民道德意识与责任，关注网络道德、信息安全等问题，为学生树立良好的数字化行为榜样。

二、信息化背景下英语教师教学能力的特点

信息化背景下英语教师的教学能力并不是一种单一的能力，而是包含了多项子能力。信息化背景下英语教师的教学能力具有特殊性质，是英语教师为完成教学任务，将信息技术运用于教学活动中的能力。英语教师要想获得信息化教学能力，必须具备充分的信息化实践知识，并借助一定的信息化情境。信息化背景下英语教师教学能力的特点主要包括以下几点。

（一）复合性

在信息化社会的影响下，英语教师所应具备的教学能力发生了重大变革。技术化教学已成为现代英语教师的必备技能。教师需要熟练掌握各类教学软件、在线课程平台以及数字教育资源，以便能够将信息技术与教学内容进行有效的结合，从而为学生提供更具吸引力且更有效率的学习方式。在信息化社会中，学生不仅需要掌握英语语言知识和技能，还需要具备使用信息技术进行自主学习和解决问题的能力。因此，英语教师需要关注并培养学生的信息化学习能力，帮助学生掌握信息检索、信息处理和信息评价等技能。在信息化社会中，教师不再只是知识的传递者，还应当成为学生的学习伙伴、指导者和研究者。教师需要具备创新思维、批判性思维和解决问题的能力，同时还需要不断学习和更新自己的知识体系，以适应不断变化的教育环境和学生需求。因此，英语教师需要不断提升自己的专业素养水平和能力。

虽然在传统的教学中，复合性也是英语教师的教学能力的一项特点，但是随着信息化的到来，教学中增加了非常多的信息技术要素，英语教师的教学能力在信息化背景下呈现出更加复杂多样的特性。特别是教师的权威地位受到了多元化的教学信息以及数字化的学习资源环境的影响，发生了非常大的转变，不仅如此，英语教师在教学中也发挥出了不一样的作用。英语教师除了要有传授的能力，还要将知识转化成学生的内在能力、培养学生的学习风格和策略，使其真正获取信息化学习的能力。因此，综合化、多层次化是英语教师信息化教学能力在信息化社会中的突出特点，具有明显的复合性特点。

（二）融合性

教师信息化教学能力的发展与提升是一个复杂而深入的融合过程，尤其体现在其学科内容能力的演进上。随着信息化教学的逐步推进，教师需要具备对学科知识的深入理解，并能够将这些学科知识进行有效的处理与融合。例如，他们可

以使用在线课程、多媒体课件、互动教学平台等工具，将学科知识转化为可以信息化传播的形式。

（三）发展性

1. 学习对象要求不一

信息化教学情境是多变的，信息化教学实践也是一个复杂的过程。学习对象不同，其学习发展与能力要求也不同，为了适应这些复杂多变的情况，满足学生的动态要求，英语教师信息化教学能力需要不断地调整、动态地形成与发展。

2. 信息技术发展具有周期性

信息技术发展至今，已经取得了很大进步。技术的更替存在周期性，并且这一周期在逐步缩短。在当今信息爆炸的时代，信息化学科的教学必须紧跟时代步伐，不断创新。教学方法需要与新技术相适应，如利用在线平台开展远程教学，或者运用虚拟现实技术为学生提供沉浸式的学习体验。此外，教师还需不断提升自身的信息化教学能力，掌握如何制作高质量的多媒体内容、如何利用大数据和人工智能技术进行个性化教学，以及如何培养学生的信息素养和创新能力等内容。教师需要密切关注社会动态变化和新技术发展趋势，以便及时调整自己的教学策略，满足学生和社会的需求。

3. 教师教学能力结构的动态发展

在信息化社会中，英语教师需要具备多方面的素质和能力以适应教育改革和满足学生的学习需求。第一，他们需要具备较高的信息素养，掌握现代信息技术，能够熟练运用各种教学软件、网络资源、多媒体技术等，以提高教学质量。第二，他们需要关注教育技术的最新发展，不断学习和掌握新的教育技术，以保持技术水平的不断提高。在信息化社会中，学生获取信息的渠道越来越多样化，教师需要更加灵活的教学策略和丰富的教学手段，以更好地满足学生的学习需求。第三，他们需要具备较强的教学组织能力，能够有效地组织和管理教学活动，以确保教学质量和教学进度。在信息化社会中，知识更新的速度非常快，教师需要具备创新精神和创新能力，不断探索新的教学方法和教学模式，更新教学内容和方法以更好地适应时代的发展和学生的需求。第四，他们还需要关注教育改革的最新进展并积极参与教育改革。

4. 专业发展的终身性

在信息化社会的大背景下，教师，特别是英语教师，必须时刻保持并完善自身的信息化教学能力，以适应不断变迁的教学环境。这种能力并非一蹴而就，而是需要长期的、持续的付出与提升。在信息化社会的浪潮下，传统的教学手段不断受到新的挑战，这就需要教师有足够的勇气去尝试新的教学方法和手段，创建并形成个性化的信息化教学模式。这种创新精神不仅有助于提升教学质量，还能激发学生的学习热情和创造力。随着信息技术的不断发展，新的教学工具和手段如雨后春笋般涌现，这就需要教师有持续学习的意识，以掌握这些新的工具和手段，并将其有效运用到教学中。同时，教师还需要关注教育领域的最新研究成果，将其与实际教学相结合，从而改善教学效果。在信息化社会中，教学活动不再只是教师个人的事情，而是一个需要教师、学生、家长等相关人员共同参与的过程。因此，教师需要有良好的沟通能力和团队协作精神，以完成教学目标和任务。这种团队合作的精神也有助于提升教师的教学水平和专业素养。

总体来说，在信息化社会的大背景下，英语教师的信息化教学能力是一种需要终身维持并不断更新的能力。只有通过持续的学习和创新，才能具有更加优秀的信息化教学能力。

三、信息化背景下英语教师教学能力的构成

（一）信息化背景下英语教师的知识体系

在信息化社会中，英语教师所需的知识结构被划分为三个层次，以更好地适应不同教学场景的需求。这种知识结构的划分旨在确保教师具备足够的素质和能力，以应对信息化社会所带来的各种挑战和要求。知识结构层次的划分如表3–2–1所示。

表3–2–1　信息化背景下英语教师的知识体系

知识体系层次	具体知识内容
知识基础	学科知识、一般教学法知识、学科教学法知识
知识主体	信息化学科知识、信息化教学法知识
最高知识要求	信息化学科教学法知识

1. 知识基础

英语教师信息化教学能力的发展需要以这一层次的知识为基础，具体知识内容如下。

（1）学科知识

教师从事某一课程的教学工作首先需要具备该课程的基本专业知识，这些学

科知识主要包括该学科的概念、理论、方法等，同时还包括与该课程相关联的其他学科的理论内容等。

（2）一般教学法知识

英语教学的一般性原理、策略和方法等都是一般教学法知识包含的内容，通过运用这些知识，英语教师能够完成对教学目标和教学过程的认识，同时教学的准备、实施、管理以及评价也需要借助这些知识来完成。掌握一般教学法知识能够给英语教师的教学工作带来极大的便利。

（3）学科教学法知识

学科教学法知识的提出者是美国教育心理学家舒尔曼（Shulman），这一知识得到了社会的广泛认可，其主要是综合了学科知识和一般教学法，涉及对学科知识的表达、传输以及呈现等内容。英语教师掌握了这种知识能够使英语教学过程更加便利。

2. 知识主体

这一层次的知识是英语教师信息化教学能力的知识主体，具体知识内容如下。

（1）信息化学科知识

信息化学科知识是指融合了教学技术与学科知识而形成的，本书主要指英语教学技术与英语学科知识相互融合后的知识。英语学科知识通过教学技术的加入，其表达和呈现的方式均以信息化来进行，使得内容的表达更加方便、灵活。当然，英语教学技术并不是单一的，不同的课程内容可以配备不同的教学技术来加以展现。

（2）信息化教学法知识

将教学技术与一般教学法进行有机的融合，产生的新知识就是信息化教学法知识。在英语教学过程中，教学技术的介入会对教学产生一定的影响，使其中的要素发生变化。一些新教学方法的产生以及原有教学法的巩固和拓展，都能够在英语教学技术的作用下实现。

3. 最高知识要求

第三层次的知识内容包括信息化学科教学法知识，其是教师信息化教学能力的最高知识要求。将英语教学技术与学科知识、一般教学法进行融合，就是英语信息化学科教学法知识，这是三类知识综合后产生的一类特殊知识。在内涵上，这一新知识已经有了一次新的超越，在发展信息化教学能力的过程中，其是教师获得知识的最高追求。

（二）信息化背景下英语教师教学能力的结构

英语教师知识和能力的转化如图 3–2–1 所示。

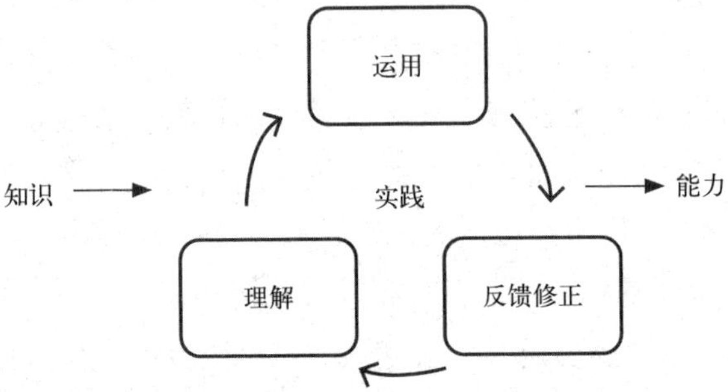

图 3–2–1　英语教师知识和能力的转化

信息化背景下英语教师的教学能力包含了六种子能力，各子能力也可以细分为其他能力，如图 3–2–2 所示。

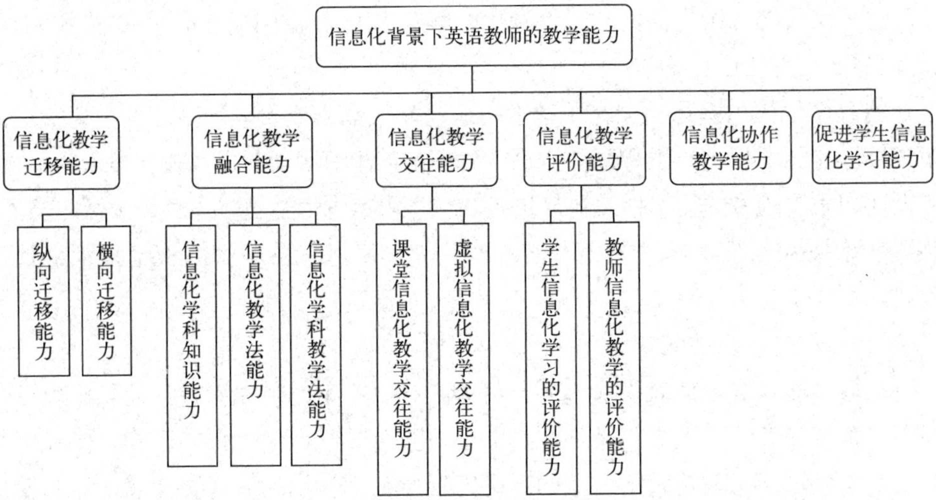

图 3–2–2　信息化背景下英语教师的教学能力

1. 信息化教学迁移能力

在各项英语教师信息化教学能力中，信息化教学迁移能力是一项基础能力。对于教师信息化教学能力持续发展来说，其也是一项重要条件。

（1）纵向迁移能力

纵向迁移即信息化教学知识技能的转化迁移，主要指教师在英语信息化教学中遇到实际问题时，能将学习获得的知识技能用于其中以解决问题。这些问题的解决过程就需要用到迁移，因此，信息化教学知识技能转化成信息化教学能力的关键就是迁移，简单来讲，这个过程就是学以致用。

（2）横向迁移能力

横向迁移即不同信息化教学情境中的教学适应能力迁移。这种能力需要依托具体的信息化教学情境来实现，是在某种情境下的教学活动实践所需的能力，该能力在其他新情境下或许并不适用。横向迁移能力主要指英语教师在一种新的信息化教学情境中，将原有情境中的英语教学经验进行拓展与延伸，并进行再创造应用。这种能力在英语信息化教学中的应用很广泛，简单来讲，就是举一反三、触类旁通。

2. 信息化教学融合能力

信息化教学融合能力具体包括三个方面的子能力。

（1）信息化学科知识能力

信息化学科知识能力是指教师具备将信息技术与所教授学科深度融合的能力。这包括能够理解信息技术的最新发展和应用，并将其灵活运用到教学中，以改进学生的学习方式。同时，教师还需要具备将信息技术与学科内容进行整合和创造的能力，以适应不同学科的需求。

（2）信息化教学法能力

信息化教学法能力包括以下几个方面：根据信息化教学的要求，使用信息技术手段设计并实施教学方案的能力；利用信息化教学资源，引导学生采用自主学习、合作学习、探究学习等多元化学习方式；在信息化教学中，利用信息化评价工具进行科学、客观、全面的评价，并及时反馈和调整教学方案，以取得最优的教学效果。

（3）信息化学科教学法能力

将英语学科教学法和信息技术相融合，这种特殊的知识形态即为英语信息化学科教学法能力。该能力需要英语教师具备其融合的各项知识，同时还要有将它们统一起来的能力。

3. 信息化教学交往能力

在信息化教学情境中，教师和学生作为两大主体，互相之间需要加强交往。信息化教学交往能力是指师生之间加强沟通和交流、进行信息化互动、互相交换思想与感情，以实现学生能力发展为重要目标的一种教学能力。

（1）课堂信息化教学交往能力

在英语课堂信息化教学情境中，教师与学生因其特殊的角色和关系，需要进行多元化的交往，教师的这种能力就是课堂信息化教学交往能力。学生在信息化情境下进行英语学习活动的过程中，教师应予以引导和管理，学生则扮演学习者的角色。教师在整个过程中要和学生保持平等的沟通，并保持英语教学活动的有序进行，该项能力是促进教师有效教学和学生有效学习的重要能力指标。

（2）虚拟信息化教学交往能力

虚拟信息化教学交往能力是信息化交往能力中的重要组成部分，它主要涉及在虚拟环境中进行交往的能力。这种能力包括使用各种在线工具和平台进行信息交流、协作和分享，以及适应虚拟环境的特殊要求，如虚拟身份管理、在线学习和教学策略的应用等。培养这种能力有助于改善学生的学习效果，提高他们的创新能力和适应未来社会的能力。

4. 信息化教学评价能力

（1）学生信息化学习的评价能力

在信息化社会中，教学评价的方式并不是单一的，其更加关注学生的全面发展，评价方式也更具有导向性。在信息化教学中，教师需要具备对学生信息化学习的评价能力。这种评价不仅关注学生的知识掌握情况，还关注学生的能力、态度、情感等多方面的发展。教师需要了解学生的学习特点、学习风格和学习需求，采用多种评价方式，如形成性评价、终结性评价、自我评价和他人评价等，全面地评价学生的学习成果。同时，教师还需要根据评价结果，为学生提供及时的反馈和指导，以帮助学生更好地发挥自己的潜力，提高学生的实践能力，促进学生的全面发展。

（2）教师信息化教学的评价能力

该评价方式关注教师在英语教学过程中展现出的各种能力与素质，如信息技术掌握程度、英语学科的教学设计能力、课堂管理能力以及学生学习评估能力等，而不仅是关注教师的教学效果。这种评价方式不仅可以帮助教师了解自己在英语教学过程中的优点与不足，从而调整教学策略，改善教学效果，还可以通过评价反馈，不断改进教师的信息化教学技能，提升其专业素养。因此，对教师英语信息化教学的评价不仅是对教师教学质量的监控，还是对教师专业发展的促进。

5. 信息化协作教学能力

在英语教学中，教师之间的协作一直被视为传统的教学方式。随着信息化社会的到来，这种协作方式得到了进一步拓展和延伸。教师可以利用数字化网络资源，与同事、专家互相协作，以信息和传播技术为基础，打造多元化的集体教学环境，发挥集体智慧和协作能力的优势。

6. 促进学生信息化学习能力

信息化社会的到来对教师和学生都产生了影响，不仅对教师的教学能力有了更高、更新的要求，而且对学生的学习能力的要求也随之改变。在信息化环境中，以往的研究对于教师的教学能力和专业发展更加注重，而如今，学生能力的全面发展也成为聚焦问题。从另一个角度来说，不同的学生在英语学习中其学习风格和策略存在差异，发展英语教师信息化教学能力也是为了促进学生英语的信息化学习能力的发展。简而言之，学生信息化学习能力的发展才是发展教师信息化能力的最终目的。

第三节　英语教师的信息素质培养策略

一、英语教师一般信息素质的培养

（一）英语教师的一般信息素质

英语教师应该具备的信息素质主要包含五个方面，如图 3–3–1 所示。

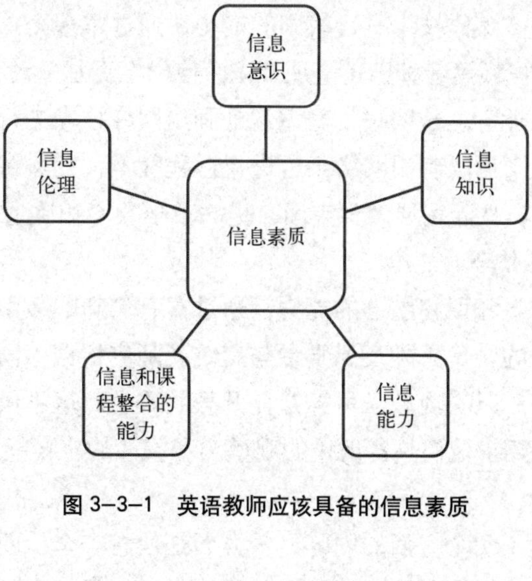

图 3–3–1　英语教师应该具备的信息素质

1. 信息意识

信息意识是教师在信息活动中对观念和需求认识的总和，是信息素质的组成部分之一。教师具备强烈的信息意识至关重要。例如，敏锐的感受力使其能够正确解读和判断信息，将有用的信息应用于教学实践；持久的注意力有助于教师跟踪并监控信息发展变化，准确把握学生学习状态和自身教学状态。信息意识不仅有助于教师挖掘和搜集有用信息、丰富专业知识，还能提高其信息处理的能力。在不断挖掘、搜集和利用信息的过程中，教师形成了强烈的信息意向，如将特定信息与具体教学任务相匹配，更有效地进行课程整合。

2. 信息知识

信息知识是教师信息素质的核心要素。首先，教师需要深入理解信息的理论，把握信息的本质和特征，以便更好地处理和传递信息。其次，教师需要掌握信息的基本方法，如数据挖掘、信息检索等，以便更好地利用信息技术获取、整理和评估信息。再次，教师还需要熟悉现代信息技术知识，如人工智能、大数据等新兴技术，以便将这些技术应用到教学中，提高教学质量。最后，教师需要不断更新信息知识，紧跟信息技术发展的步伐，以便更好地满足教育发展的需求。

3. 信息能力

信息能力指的是教师获取、分析、加工、传递以及创造信息的能力，是信息素质的核心部分。要想具备信息能力，教师需要掌握以下几点。一是基本信息素养，这是指教师要掌握最基础的计算机技能，包括 Word、Excel 以及一些常用软件的安装和使用，并且能够使用计算机编写试题、处理考试成绩等。二是多媒体素养，这是利用多媒体技术进行教学的能力。通过掌握多媒体技术，教师可以利用图像、声音、视频等多种方式呈现知识，使学生更加生动、形象地理解知识，提升学生的学习兴趣。三是网络素养，这是利用网络技术进行教学的能力。通过掌握网络技术，教师可以利用网络平台进行远程教学、在线讨论和合作学习等多种形式的教学活动，从而拓展教学空间、提高教学效率和质量。

4. 信息和课程整合的能力

教师应具备信息和课程整合的能力，通过富有创新的教学设计和多元化的教学方法，提升学生的学术兴趣及课堂参与度。教师应根据不同课程的特点，制定个性化的教学活动，以实现教学目标并提升教学质量。这不仅要求教师具备扎实的教学基本功，还要求他们具备敏锐的观察力和灵活的应变能力。

5. 信息伦理

信息伦理包含了两个方面的内容：一方面是信息安全，即教师需要了解与计算机相关的安全防范知识以及防范网络犯罪的常识；另一方面是信息道德，即教师在整合信息技术与课程的过程中，不仅要确保教学内容的科学性，还要充分尊重他人的劳动成果，并切实保护他人的知识产权。可以说信息伦理是教师信息素质的方向，要求教师在获取、利用、加工信息的时候遵守规范，不能侵犯他人的合法权益，这是信息素质的重要内容。

（二）英语教师一般信息素质培养的问题

1. 意识层面

通过相关调查发现，对于计算机网络技术在英语教学中的应用，大部分教师都认为这种教学模式可有可无，教学效果一般。有部分教师对英语信息化教学持怀疑态度，甚至有少数教师排斥这种教学模式，担心这种教学模式大范围推广之后，教师会被机器代替，教师的作用减弱之后会失业。也有教师担心会出现教学失误，影响学生的四、六级考试成绩。还有的教师自身计算机水平差，对信息技术与课程整合的操作性差，担心因为操作失误影响教学，这就导致其对信息化英语教学产生了逆反心理。还有就是进行信息和课程整合需要花费大量的时间和精力，再加上教学任务繁重，教师也就对此不感兴趣了。

2. 技术层面

现阶段，能够满足英语信息化教学技术需要的教师只有少部分，大部分教师的计算机网络技术都需要提高。因此，现在的英语信息化教学的师资队伍尚不完善，缺少水平高、能力强的信息化教学人才，这也是阻碍英语信息化教学发展的一个重要因素。

（三）英语教师一般信息素质的培养方式

1. 增强教师信息意识

对于英语信息化教学的发展来说，教育观念的更新比硬件设施的更新更重要，而培养教师的信息意识是改变教师传统思想观念的基础。因此，学校的首要任务就是要让教师认识到自身信息意识的重要性，从而改变教育观念，明确自己身上肩负的责任，使教师了解发展信息化英语教学的紧迫感，从而积极主动地学习和实践，不断提高自身对信息技术的运用能力。

2. 提高教师信息能力

（1）要加强在职教师信息能力的继续教育

学校需要对现有英语教师进行相关的信息技术应用技能培训，制订出有效的培训方案，帮助教师提高信息能力，使其成为推动英语信息教学的主力军。英语课堂将成为信息化教学的主战场，学生则是信息化教学的受益者。

（2）做好师范生信息技术教育的培训

师范类高校和英语专业学院应对目前的课程设置和教学内容进行改革，开设与信息技术相关的课程，使师范生在学校期间就能掌握相关的信息技术、走向岗位后能够以自身的能力带动整个教师队伍的信息能力发展。

(3) 建立相应的评价和管理模式

学校可以建立相应的评价和鼓励机制，对在信息化教学过程中使用新技术教学的教师给予奖励，提高广大教师在信息化教学中的积极性。同时，学校可以将信息技术的运用能力作为教师能力考核的一项重要内容。校内也可以举办各种类型的课程信息化比赛活动，鼓励教师积极参与，提高教师的信息化教学能力。

3. 提高教师信息技术水平和课程整合能力

信息技术只是解决问题的工具，并不是能够解决一切问题的万能药，信息技术无法代替教学。只有教师根据教育原则合理地运用信息技术制订出解决问题的方案，才能挖掘信息技术的最大潜能。因此，在信息技术与课程教学整合方面，教师应该积极探索英语信息化教学模式下的教学方式、教学设计、教学内容以及教学管理等内容。教师要能够利用信息技术对学生的网络学习过程和结果进行有效的管理和评价。

二、英语教师信息化教学能力的发展

（一）英语教师信息化教学能力终身发展体系

现代教育理念认为，在信息技术与课程进行整合的过程中，教师信息化教学能力的发展应形成一个结构体系，如图 3–3–2 所示。

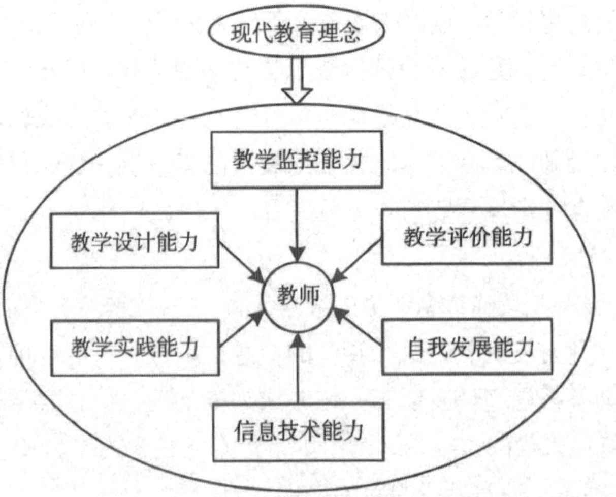

图 3–3–2　教师信息化教学能力发展结构体系

（二）英语教师信息化教学能力发展的特点

教师信息化教学能力作为一种特殊的能力，其发展自然遵循能力发展的一般规律，但是在其发展的整个过程中，也呈现出自身的特殊性。动态性、系统性、有指向性是教师信息化教学能力发展的三大特点。

1. 教师信息化教学能力发展具有动态性

在整个教育的发展过程中，教师都扮演着重要角色。教师是教育发展的关键，其信息化教学能力需与时俱进，不断变化发展。这种发展动力来自教学实践和协作教学，同时也需要教师的自主决策能力和持续学习能力。

2. 教师信息化教学能力发展具有系统性

首先，教师信息化教学能力的发展需要结合自身素质和知识技能，实现一体化发展。其次，教师信息化教学的职前能力发展和在职能力发展侧重点不同，前者以技能的模仿体验和知识的积累为侧重点；后者则更加侧重于具体的信息化教学实践以及不同信息化教学情境的能力迁移、融合。虽然两者的侧重点不同，但是都与发展的一体化紧密衔接。最后，教师信息化教学能力的发展在教育信息化中是一个关键环节，其发展并不只关乎教师个体的专业化成长，学生的成长、教育的发展和社会的发展才是其发展的最终目标。教师这一能力的发展关乎个体外部的诸多关联要素，从教师个体成长到促进学生、教育和社会的发展，这体现出发展的系统性。

3. 教师信息化教学能力发展具有指向性

从教师信息化教学能力发展的知识结构和能力结构来看，这一发展过程是有目的、有指向性的。从知识结构的角度来看，教师的信息化教学能力着重于获取和运用信息化的教学资源，深入理解信息化教育理念，并掌握信息化教学方法。此外，教师还需要通过反思教学实践，总结和提炼信息化学科教学法知识，以更好地指导未来的教学活动。从能力结构来看，教师的信息化教学能力不仅包括熟练掌握和应用各种信息化教学工具和资源，还应当具备科学设计和实施信息化教学活动的能力，同时能够对学生信息化学习能力进行科学评估和指导。

（三）教师信息化教学能力发展的策略选择

为促进教师信息化教学能力的发展，可以分别针对外部环境条件、方法论、内部系统和直接条件来进行策略的选择，即可以从宏观发展策略、中观发展策略、微观发展策略三大方面进行分析，如图 3-3-3 所示。

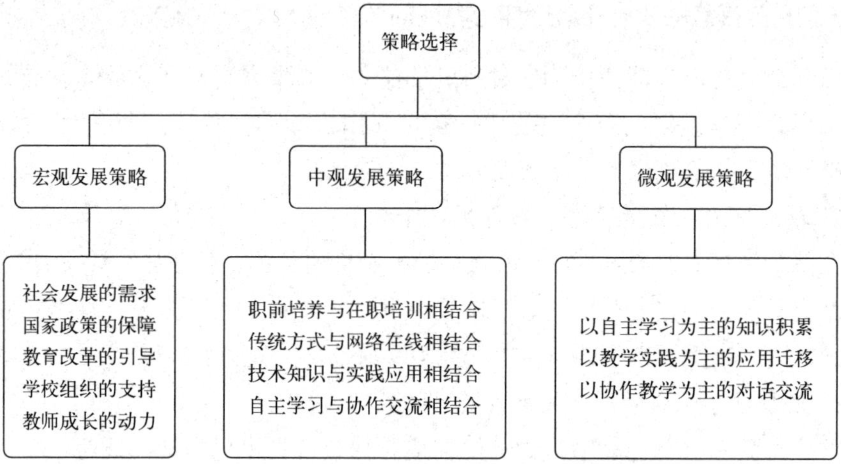

图 3–3–3　教师信息化教学能力发展的策略选择

1. 宏观发展策略

宏观发展策略主要涉及促进其发展的外部环境条件，其包括以下几个部分。

（1）社会发展的需求

信息技术的创造和应用使得社会快速发展，如今，人们生活在一个高度信息化的社会，人们的生活和工作无不受信息技术的影响。教育信息化是社会信息化的重要一环，教师在此过程中扮演着关键角色。在信息化社会中，教师需要顺应时代发展，积极进行自我变革，以培养出具备创新精神和实践能力的信息化人才。这需要教师具备信息化教学能力，并将其转化为教学智慧。具体而言，教师应掌握信息技术基础知识、数字化教学资源的应用并具备信息化教学设计和实施的能力。同时，教师需要将这些知识逐渐转化为信息化教学智慧。这需要在实践中不断尝试、总结和反思，提高信息化教学设计、实施和评估的能力。教师需要具备创新思维和创新能力，以应对信息化社会的教育挑战。此外，发展教师的信息化教学能力符合社会发展的需求。随着社会信息化的不断深入，对具备创新精神和实践能力的信息化人才的需求也越来越大。只有提高教师的信息化教学能力，才能更好地满足社会对人才的需求，为学生的未来发展打下坚实的基础。

（2）国家政策的保障

世界各国对教育信息化的发展都非常重视，针对教育信息化采取了一系列措施，在基础设施、信息资源以及能力培训等方面都提供了政策上的保障。教师信息化教学能力的发展，除了需要政策支持和保障，还需要不断调整和更新相关的能力和培训内容，以适应时代的变化。随着信息技术的不断发展，教师需要不断更新自己的知识和技能，以适应教育领域的变化。相关通用教师教育技术能力标准的颁布与实施是政策支持与保障的重要体现，这些标准为教师提供了明确的技术能力要求和指导，有助于提高教师的教育技术水平，促进信息化教学的推广和应用。国家层面的培训项目支持也是教师信息化教学能力发展的重要保障，这些培训项目为教师提供了系统的技术培训和教育，有助于提高教师的信息化教学能力和水平。此外，这些培训项目还可以为教师提供实践机会，让教师在实践中掌握和应用所学知识，提高其实践能力。教师教育技术能力标准与能力发展项目的不断调整也是教师信息化教学能力发展的重要保障。这些标准和项目是根据时代变化的需要不断更新和调整的，有助于确保教师的知识和技能始终保持最新状态。同时，这些标准和项目的实施也有助于增强教师的自我发展意识和能力，促进其职业发展。

此外，能力培训只能促进教师信息化教学能力的发展，而不能够解决问题，多层面和终身化才是要重点强调的内容，特别是要重视自主学习和教学应用实践的策略。因此，国家也应该针对教师信息化教学实践给予政策上的鼓励和支持。

（3）教育改革的引导

信息化技术和教育领域的结合给教育以及教师能力带来了新的挑战。为了满足信息化社会对人才的需求，教育教学领域的改革是必然的。我国在基础教育改革上已经取得了很大发展，其引导着课程体系、教学方法策略等的改革。

（4）学校组织的支持

①校长的支持。因为校长领导教师工作，所以校长有责任引导教师信息化教学能力的发展。校长对教师信息化教学能力的认识和认可，是校长对于教师的信息化教学能力发展促进策略的集中体现。有了学校层面的支持和帮助，就能在学校形成良好氛围，有助于教师信息化教学能力的发展。

②资源的准备。信息化教学资源的准备是提升教师信息化教学能力的必要基础。

③培训的参与。学校应该重视与支持在职教师的培训，根据教师的实际情况，经过有效的计划安排教师参与培训，这对教师发展信息技术能力具有非常重要的促进作用。

④教学的交流。教师信息化教学能力发展除了需要学校做到上述几点，教师间的交流也至关重要。学校有责任引导和组织学科教师间开展信息化协作教学，如通过网络等方式同各个国家的教师开展合作，或通过研讨、观摩，共享信息化教学能力发展的经验。

(5) 教师成长的动力

教师信息化教学能力的发展固然需要外部因素的支援，如学校提供优良的教学设备和资源、教育部门制定相应的政策等，但这些外因只是必要条件，并非决定性因素。关键还在于内因，即教师自身的态度和努力。只有教师对信息化教学持有浓厚的兴趣，深信自己能够胜任并为此付出努力，才能真正推动自身能力的发展。因此，教师需要积极学习、探索、实践，持续提升自身的信息化教学能力，以适应教育信息化的需求。

2. 中观发展策略

(1) 职前培养与在职培训相结合

在不同的能力发展阶段，促进教师信息化教学能力发展的重要环节离不开职前培养与在职培训的结合，不能将两者分离开来，因为它们是不同阶段的台阶或锚点，两者应该紧密衔接起来。

(2) 传统方式与网络在线相结合

根据世界各国对于教师信息技术能力发展所获取的经验，在培训方式选取上，除了开展传统的面对面的培训方式，网络培训的方式也被融入其中。教师信息化教学能力发展中，信息化社会带来了多元化的获取学习信息资源的渠道，教师可以通过网络在线的方式来获取和分享知识、经验等，将传统方式和网络在线有机结合起来，促进信息化教学能力的发展。

(3) 技术知识与实践应用相结合

为了应对教育领域日新月异的发展环境、向学生提供高质量的教学，职前教师作为未来教育工作的储备人才，需要系统地学习技术知识，并培养将理论知识转化为实际教学策略和方法的能力。对于在职教师，他们已处于教育一线，面对不断变化的教育环境和学生需求，他们需要通过自主学习和培训来实现技术知识的更新和转化，以便更好地满足学生的需求并适应教育的发展趋势。

(4) 自主学习与协作交流相结合

教育工作者应具备自主学习能力，这不仅是其应具备的重要素养，更是其应秉持的重要精神。自主学习不仅有助于教育工作者自身知识的不断更新，还能使其在教育实践中更好地发挥引导作用。此外，教师团队意识的建立也至关重要。通过信息化协作教学，教师可以共享彼此的知识和经验，更好地满足学生的学习需求。这种团队意识还有助于教师更好地进行课程设计和教学方法的改进，从而进一步提高教学质量。

3. 微观发展策略

微观发展策略是促进教师信息化教学能力发展的内部系统和直接条件，其集中体现在以下几方面。

（1）以自主学习为主的知识积累

积累技术知识、完善教学、促进学生的发展是教师自主学习的根本目的。无论是在职前教师学历教育中，还是在在职教师的阶段性培训中，或者是在教师的协作化教学中，教师都需要学习理论知识。

（2）以教学实践为主的应用迁移

教师的信息化教学实践是一个复杂的过程，其并非简单的技术性教学实践，教师在实践过程中要不断进行反思，进而通过反思获得智慧。因此，在不同的信息化教学情境中，实践都应该得到教师的重点关注。

（3）以协作教学为主的对话交流

教师和同行间的协作交流并不是唯一的信息化协作教学能力，师生之间、教师与专家之间的交流对话等都包含其中。此外，交流方式也不只局限于面对面的沟通，信息化环境中的协作教学与对话交流也是其需要突出的内容。

三、英语教师信息化教学能力的提升

（一）英语教师信息化教学能力提升的必要性

提升英语教师的信息化教学能力具有深远的价值和意义。在全球化的背景下，国家的竞争优势主要体现在创新和人才两个方面。加强英语教师的信息化教学能力培养可以为国家的创新驱动发展提供坚实保障，提升我国在全球范围内的地位和影响力。从教师专业发展的视角来看，提升信息化教学能力是促进教师专业发展的重要途径。在信息化时代，教师需要不断更新自己的知识体系和技能水平，以适应教育改革和发展的需要。从满足多元化英语教育环境的需求来看，提升信息化教学能力也是保障教学质量的关键因素。在多元化的英语教育环境中，学生和教师的需求各不相同，通过加强英语教师的信息化教学能力培养，教师可以更好地满足学生的个性化需求、提高教学质量。

（二）英语教师信息化教学能力提升面临的困境

1. 顶层设计不足

英语教师信息化教学能力培养的顶层设计是教育发展的必然趋势，也是提高教学质量的重要保障。然而，当前一些学校在教育信息化发展、教师信息化教育能力培养、教育信息化管理等方面存在一些问题，具体表现在以下两个方面。

一方面，学校管理层对教育信息化发展的重视程度不够。一些学校领导没有充分认识到信息化教学在提高教学质量和推动教育现代化进程中的重要作用，缺乏制订和实施教育信息化发展战略规划的眼光，导致学校在教育信息化方面的投入不足，无法满足英语教师信息化教学能力培养的需求。

另一方面，教师对信息化教学的认识和理解不够深入。一些教师只是将信息化教学视为一种新的教学方式，而没有充分认识到信息化教学能够为学生提供更好的学习体验、提高学生的综合素质和能力。此外，一些教师对信息化教学的热情和积极性不高，不愿意主动尝试新的教学方式，这也制约了英语教师信息化教学能力的培养。

2. 教师培训力度不足

英语教育信息化的发展需要多方面的努力，其中管理理念的完善和教师队伍的建设是至关重要的。然而，在现实中，很多学校由于软硬件条件的限制，难以有效地进行教师培训，这直接影响了英语教育信息化的进程。

首先，学校缺乏明确的培训目标，这与院校教育改革目标不一致。这导致教师培训的内容可能与实际教学需求脱节，无法满足教师提高教学水平的需求。

其次，英语教师培训未体现差异性。每个教师都有不同的教学风格和需求，如果培训内容单一，无法满足教师的个性化需求，那么培训的效果也将大打折扣。

最后，教师培训方式与途径单一。现在的培训方式多以传统的讲座形式进行，缺乏实践性和互动性，难以激发教师的参与热情和学习兴趣。同时，教师无法协调培训与教学，无法做到教学能力提升与教学工作的同步。

3. 教育资源短缺和信息化技术不足

在当前的英语教学环境中，教育资源的短缺和信息化技术的不足给学校开展英语教师信息化教学技能培养带来了诸多困难。教育资源的短缺，特别是在偏远地区和贫困地区，导致学校无法提供高质量的英语教学，从而对学生的未来发展造成不利影响。另外，信息化技术的不足也限制了教育资源交流平台的建设与应用，使得学校难以实现教育资源的跨区域共享和优化资源配置。此外，缺乏虚拟仿真教育系统使得学校无法为学生提供更为便捷的实训技能学习环境，进一步加剧了教育资源短缺带来的困境。

（三）英语教师信息化教学能力提升的路径选择

1.完善顶层设计

①教育理念在推动英语信息化教学中扮演着重要的角色。教育理念是指导教师教学实践的核心，为教师采用正确的教学方式、教学方法和教学态度提供了方向。只有当教育理念得到更新和发展时，教师才能更好地适应信息化时代的教学要求，提高教学质量。

②学校管理层需要具备全局观念，关注并解决英语教师在教学中遇到的实际问题。在英语信息化教学中，教师是教学的主体，他们的教学水平和能力会直接影响到学生的学习效果。因此，学校管理层应该充分了解英语教师的教学需求和困难，通过提供支持和帮助，解决他们在教学中遇到的实际问题，从而提高他们的教学水平和能力。

③学校应该积极组织教师学习国内外先进的教学经验和方法，掌握最新的教育理念和理论，使教师能够更好地适应信息化时代的教学要求。同时，各学校还需要根据自身特色创新管理方式，制定符合自身特点的英语信息化教学管理方式，使教学更加符合学生的实际需求，提高教学质量。

④各学校还需要积极提升教师的信息化素质，营造良好的信息化教学氛围。教师的信息化素质是实现英语信息化教学的关键因素之一。学校应该通过培训、交流等方式提升教师的信息化素质，帮助他们掌握最新的信息技术和教育理念。同时，学校还应该营造良好的信息化教学氛围，鼓励教师积极探索、尝试新的教学方式和方法。

⑤我们应积极鼓励基层教师探索信息化教学方法。教师作为应用教学方式的主体，需要不断积累教学经验，投入大量心血进行创造。大部分教师已经具备信息化教学的意识，他们愿意采纳信息化教学，热衷于寻找新的教学方式，将日常教学中遇到的问题作为突破口，逐步转变他们的角色，积极开展信息化教学。这种主动探索的精神和行动推动了信息化教学的顶层设计，使二者相互配合、协同进步。

2.加强“双师型”队伍建设

在培养制度方面，学校需制定明确的“双师型”教师资格认证标准，该标准应涵盖教学能力、实践经验以及行业联系等多方面的要求。这不仅确保了教师队伍的整体质量，还明确了“双师型”教师的能力构成和职业发展方向。一方面，提供持续的教师培训和教育是关键。这不仅包括传统的面对面教学，还包括在线教育等多元化的培训形式。其目标是确保教师具备最新的行业知识和技能，以便将最新的行业趋势和市场需求融入日常教学中。另一方面，鼓励教师参与行业实践和科研活动也是提升其能力的重要途径。这不仅可以帮助他们积累实践经验，还能加强他们与行业的联系，从而更好地指导学生的学习和实践。

学校应该开展多元化的培训活动，这些活动包括但不限于校内培训、校外培训、联合培训、“老带新”以及在线培训等。通过这些培训活动可以提高教师的教学水平和行业实践能力，为培养出更多优秀的英语“双师型”教师提供坚实的保障。

3. 借助培训提升信息化教学能力

学校应对英语教师的信息化教学能力提出明确的要求和规划，以确保他们能够全面掌握信息化教学的基本理论、教学方法和技能。此外，英语教师还应学会如何利用信息技术进行课程设计、教学评估等活动，以优化教学效果和学生的学习成果。培训目标的设定要充分考虑英语教师的学习积极性和学习效率。过高的培训目标可能会让英语教师感到压力过大，产生消极情绪；而过低的培训目标则可能无法激发他们的学习动力。因此，应该根据英语教师的实际需求和能力水平，制订符合他们实际情况的培训计划和目标，以激发他们的学习动力。此外，通过专业的信息化教学课程和实际操作训练，英语教师应该能够掌握最新的信息化教学理念和方法，以提高教学水平和学校办学水平。同时，学校也应该为英语教师提供充足的资源和支持，帮助他们实现个人的职业发展目标，推动学校的整体发展。

在英语信息化教学培训中，必须重视个体差异，根据每个参与者的角色和职责，量身定制具有针对性的培训内容。例如，学校管理人员需要深入学习先进的教学理念以及科学的教学管理方法；相关技术人员需要接受硬软件维护和开发等相关技术的培训；而教学人员作为英语信息化教学的核心推动者和实施者，则需要进行全面的理论知识学习和实践操作训练。同时，由于不同主体在信息化教学中的职责各不相同，培训内容的设计和安排也要紧密围绕各自的职责进行。例如，学校管理人员需要掌握如何制订科学的信息化教学规划，并学习如何协调各部门之间的通力合作；技术人员需要熟悉提供技术支持和维护的技巧，以确保信息化教学的顺利进行；教学人员则需要深入理解和掌握信息化教学内容的设计与实施方法，并学习如何引导学生积极参与其中。另外，由于参与者的背景和角色存在差异，培训内容也应做到因材施教。例如，对学校管理人员的培训内容应重点涵盖教学理念和管理方法的创新和实践；对技术人员的培训内容则应聚焦于硬软件维护和开发的技巧和工具；对教学人员的培训内容则应关注理论知识和实践操作等综合素质的提升。同时，还应根据教师的专业领域和年龄段进行差异化的培训设计。

提升教师信息化教学能力是当前教学信息化的重要任务之一，因此需要采取多样化的培训方式。案例式教学、自主式学习以及合作式学习是常见的方法。其中，案例式教学以实际问题为切入点，将知识点融入经典案例中，使学习者能够按照自己的思路进行学习，从而快速接受相关知识点。自主式学习则鼓励学习者利用课余时间进行自主学习，这种学习方式不仅灵活，而且能够激发学习者的积极性和主动性，提高他们的学习效率，但这种培训方式需要教师充分协调教学工作与培训，适用性不强。合作式学习则通过学习者之间的交流和讨论，提高学习者的创新能力、沟通能力，培养开拓思维、团队意识。同时，按照教师的年龄、专业和对信息技术掌握的基础进行分组，形成学习共同体，也有助于提高学习效率。为了提高小组学习的效率，需要制订严谨的学习计划，并引入竞争机制，通过竞争激励学习者更加努力地学习。

4. 创建网络平台

学校应积极创建网络平台，对英语教师进行广泛的教育和培训。这个平台的核心在于提高英语教师的信息化教学能力，因此，需要确保每位教师都具备基本的计算机操作能力和网络技术应用能力。此外，还需要为教师提供相关的培训课程，以帮助他们更好地利用网络平台进行英语教学。通过建立网络平台，为教师提供一个分享经验、探讨问题的空间。在这个空间里，教师可以共同讨论教学方法、分享教学心得，从而不断提高自己的教学水平。此外，还可以邀请知名专家、学者参与平台交流，为教师提供更多的学习机会。学校可以制定相关政策，对使用平台的师生进行奖励或激励。例如，可以为使用平台的教师提供一定的课时补贴，或者为使用平台的学生提供一定的学分奖励。同时，还需要不断优化平台功能，优化平台的用户体验，让师生更加愿意使用平台进行交流和学习。

第四章　英语教学信息化模式的发展

信息化教学对英语教学的影响主要体现在教学模式的发展变化上。本章内容是英语教学信息化模式的发展，主要从三个方面进行了介绍，分别是英语自主学习模式、英语混合式教学模式、英语体验式教学模式。

第一节　英语自主学习模式

一、自主学习概述

（一）自主学习的界定

就目前来看，国内外教育界对于自主学习的定义还没有达成一致看法，学者纷纷从不同的角度对自主学习进行了研究与界定。

1. 国外学者对自主学习的界定

外语自主学习研究学者霍力克（Holec）将自主学习定义为能负责自己学习的能力。依据霍力克的观点，学生具备自主学习能力就是指具备以下能力：能自主确定学习目标，确定学习内容和进度，选择学习方法和技巧，监控学习过程以及对学习结果进行评估。霍力克强调，这种自主学习能力不是天生的，而是需要通过自然途径或专门系统的正式学习才能获得的。霍力克的这一定义得到了广泛的认可。①

齐莫曼（Zimmerman）是美国研究自主学习的权威学者，他在对以前学者的研究进行总结的基础上，提出只要学生在元认知、动机和行为三方面都是一个积极的参与者，那么其学习就是自主的。在他看来，元认知指的是学生能够在学习的不同阶段进行自我反思，包括计划、组织、自我指导、自我监控和自我评价；动机是指学生从被动的学习者变成主动的求知者，由“要我学”变成“我要学”；

① 曾大立．信息化教育与英语教学 [M]. 北京：九州出版社，2018.

行为是指学生能够自主创设有利于学习的最佳环境。[1]

学者迪金森（Dickinson）将“自主”定义为学习者对所有学习上的决定和这些决定的完成负完全责任的情形。他认为，自主学习是指学习者在学习过程中，负责所有策略并实施这些策略。迪金森又指出，自主学习不仅是一种学习态度，还是一种独立学习的能力。他又对态度和能力做了进一步的解释，态度就是一种对自己的学习做出决策的责任，能力就是对学习过程的决策和反思。[2]

从本质上说，自主学习是学习者对学习过程和学习内容产生的某种心理关系，即一种超越、批判性的思考、决策以及独立行动的能力。

利特尔伍德（Littlewood）认为，自主学习意味着学习者能够独立做出并实施影响其行动的选择的能力和意愿。其中，能力就是指学习者既要具备为自己的学习做出选择的知识，又要掌握实施这些选择的必备技能；意愿就是指学习者要对自己的学习负责的动机和信心。在他看来，自主学习指学习者能够独立确定自己的学习目标、学习内容和方法、学习时间与地点、学习进度，并能对自己的学习结果进行自我评估、检查、监控和测试。[3]

班森（Benson）认为，自主学习概念应该涵盖以下五个方面的内容：学习者确定自己学习目标的权利；学习者的学习完全依靠自己；学习者对自己的学习所负的责任；在自我指导的学习过程中可以学到或用到的一整套技能；一种与生俱来的却被单调而重复的学校教育方式所抑制的能力。[4]

后来，经过进一步研究，班森将自主学习界定为对自己的学习进行控制的能力，因为在不同层次的学习过程中对学习的控制会呈现多种形式。换句话说，自主学习是一种多维度的能力。

2. 国内学者对自主学习的界定

20 世纪 80 年代中后期，国内学者开始对自主学习进行探讨。他们总结和分析了国外自主学习理论，并在此基础上，结合我国的实际情况对自主学习进行了研究和探讨。

2003 年，教育心理学博士庞维国《自主学习：学与教的原理和策略》一书的出版标志着自主学习的系统研究在我国取得阶段性成果。2005 年，沈昌洪《自主

---

① 严明．大学英语自主学习能力培养教程 [M]. 哈尔滨：黑龙江大学出版社，2007.

② 罗俊，李树枝，侯丽梅．基于高效课堂视角下的英语教学研究 [M]. 青岛：中国海洋大学出版社，2018.

③ 曾大立．信息化教育与英语教学 [M]. 北京：九州出版社，2018.

④ 贾增荣．大学生听力培养与教学方法研究 [M]. 北京：中国商务出版社，2016.

学习在英语教学中的应用》一书第一次系统地阐述了自主学习理论在英语学科的具体应用。可见，我国学者对自主学习的研究取得了较大的进展。然而，关于自主学习的界定，国内学者说法也不一致。

庞维国提出，“自主学习是建立在自我意识发展基础上的‘能学’；建立在学生具有内在动机基础上的‘想学’；建立在学生掌握了一定学习策略上的‘会学’；建立在意志努力上的‘坚持学’”①。他从横向和纵向的角度给自主学习下了定义。他认为，就横向而言，学生在学习的全过程中能够进行自我管理即可体现学生的自主性；而纵向的自主性则强调学生在学习的不同阶段中展现的自主学习能力。

全国教育科学“十五”规划国家重点课题“新课程与学习方式转变实验研究”分课题负责人余文森认为，自主学习就是学习者自己作为学习的主人，学习是自己的事，自己能够学，尽量自己学；不懂、不会的，可以在同学的帮助下和在教师的引导下思考。②

学者韩清林认为，自主学习有狭义和广义之分。狭义的自主学习是指学生在教师的科学指导下，通过能动的、创造性的学习活动，实现自主性发展；广义的自主学习是指人们通过多种手段和途径，进行有目的、有选择的学习活动，从而实现自主性发展。③

学者陈水清认为，自主学习就是学习主体主导自己的学习，它是在学习目标、过程及效果等方面进行自我设计、自我管理、自我调节、自我检测、自我评价和自我转化的主动建构过程。④

学者程晓堂在梳理众多学者对自主学习的界定的基础上提出，尽管人们对自主学习的界定不一，但普遍认可自主学习主要有以下三方面的含义。⑤

①自主学习是主导学习的一种内在机制。这一内在机制由学习者的态度、能力和学习策略等因素综合而成，包括学习者主导、控制自己学习的各种能力，还包括自主制订学习目标的能力、针对不同学习任务选择不同学习方法的能力、对学习过程进行自我监控的能力、对学习结果进行自我评价的能力等。

②自主学习是对教育环境的一个挑战。自主学习需要培养学习者对自己的学习目标、学习内容、学习方法以及使用的学习材料的自主控制能力。因此，从一

---

① 徐雪元．大学英语教学改革实践[M]．长春：吉林出版集团股份有限公司，2020．

② 贾增荣．大学生听力培养与教学方法研究[M]．北京：中国商务出版社，2016．

③ 曾大立．信息化教育与英语教学[M]．北京：九州出版社，2018．

④ 陈德琥，李本友．现代学习方式[M]．合肥：合肥工业大学出版社，2009．

⑤ 程晓堂．论自主学习[J]．学科教育，1999（9）：32-35．

个角度来看，自主学习就是学习者在以上这些方面具备如何进行自主选择的能力；换一个角度讲，自主学习就是教育机制，如教育行政部门、教学大纲、学校、教师、教科书等，为学习者的自主学习提供的空间。

③自主学习需要教与学参与主体的协调配合，是一种强调学生学习的自主性和教师教学的主导性相互配合的一种学习方式。它既强调学生的自主性和能动性，又重视教师的指导作用。

自主学习作为我国新课改倡导的学习方式，指的是一种主动的、建构性的学习过程，是学生为自己确定学习目标并制订学习计划及安排，同时对自己的实际学习活动进行监察、评价、反馈、调节和控制的过程。新课改所倡导的自主学习并不是完全的“无政府状态”，而是希望通过自主学习激发学生的学习兴趣，使学生获得积极的、深层次的体验，进而促进学生的发展。因此，我国所提倡的自主学习的核心思想是，学习是学生通过主动建构生成新知识的过程，而不是被动地接受或从教师、课本那里照搬信息的过程。

综上所述，尽管国内外学者对自主学习的界定、理解并不完全统一，但大多数学者认为，自主学习应该是以学习者为中心（相对以教师为中心），学生根据自身的、不同的需求，在整个学习过程中自我规划、自我管理、自我调节、自我检测、自我反馈和自我评价的自我建构过程。具体而言，自主学习包括以下几个步骤。

①在不同需求的引导下，分清学习主次，设计自己的中长期目标。

②选择适当的学习材料、学习策略。

③控制好学习时间和进度。

④根据不同的情况适当地进行调整和反思。

⑤确立评价标准，衡量自己的学习效果。

（二）自主学习的主要模式

1. 麦考姆斯的自主学习模式

麦考姆斯（McCombs）是自主学习学派的代表人物之一，他强调自我概念、自我形象和自我价值是决定个体在自主学习情境下认知动机和行为方向的关键因素。自我评价会直接影响个体对自身能力的判断、任务的评估、目标的设定、对结果的预期，以及自我监控和自我强化等过程，是自主学习过程中的核心要素之一，对个体的学习效果和成长具有决定性的影响。自主学习过程大概可以分为以下三个阶段。

（1）目标设置阶段

在这一阶段，学生不仅要有设置目标的能力，而且必须知道什么目标对自己更重要、自己是否具有实现目标的能力。这一阶段涉及学生对自身能力的判断、对学习结果的预期以及对自身责任的限定等过程。

（2）计划和策略选择阶段

这个阶段的重点是要求学生根据自己的既定目标，去制订相应的学习计划和选择有效的学习策略。这里，元认知知识起到了关键作用，它帮助学生了解自己的学习方式和需求，从而能够选择最合适的学习策略。同时，学生还需要具备筛选能力，以便从众多的学习策略中挑选出最适合当前目标和自身特点的策略。这个阶段不仅需要学生的自我管理能力和自我驱动能力，还需要他们具备批判性和创造性思维，以便根据实际情况灵活调整学习计划和策略。

（3）执行和评价阶段

在自主学习的执行和评价阶段，自我管理和自我反思是核心。学生需要独立规划并执行学习任务，同时监控和评估自身的学习进展。这要求学生具备高水平的自我监控能力和自我评价能力。在自我监控方面，学生需要维持注意力，确保学习过程中保持专注，并学会管理情绪，避免因挫折或困难而产生消极情绪。此外，学生还需监控自身的学习进展，了解自身在学习中的优势和不足。在自我评价方面，学生需要评估自身的学习成果和表现，这包括对学习成绩的评价以及对学习过程和个人成长的评价。通过自我评价，学生可以了解自身的优点和不足，从而调整学习策略和方法。麦考姆斯的观点强调了自主学习的自我成分以及自我监控和自我评价等过程的发展水平的重要性。这些因素不仅具有动机作用，还是自我系统发展的结果。因此，在促进学生的自主学习过程中，教师不仅要关注知识的传授，还要注重培养学生的自我监控能力和自我评价能力，对学生在学习的全过程和各个不同的学习阶段进行能力培养的针对性训练。

2．齐莫曼的自主学习模式

齐莫曼是当今美国最著名的自主学习研究者之一，是自主学习社会认知学派的代表人物。齐莫曼认为，自主学习与一般性的学习一样，也要涉及自我、行为、环境三者之间的相互作用。也就是说，自主学习者既要主动地控制和调节自己的学习过程，又要基于外部反馈主动地监控和调节学习的外在表现、学习环境[①]。该模式认为自主学习过程可分为以下几个阶段。

---

① 曾大立．信息化教育与英语教学[M]．北京：九州出版社，2018．

第一，计划阶段是学习过程中一个非常重要的环节，它涉及任务分析和自我动机两个过程。任务分析是指对学习任务进行分析，以便更好地完成它。在任务分析过程中，学习者需要设置目标并制定学习策略，以指导学习过程。自我动机是一种内在动机性力量，它可以激发学习者进行学习，并对学习过程具有启动作用。自我动机可来源于学习信念、内部兴趣和学习目标定向等成分。学习信念是指学习者对学习的价值观和态度。如果学习者认为学习具有重要价值，那么他们会表现出强烈的学习动机。内部兴趣是指学习者对学习内容的积极情感和热情。如果学习者对某个主题或领域具有浓厚兴趣，他们就会更加积极地投入学习。学习目标定向是指学习者追求的目标和方向。如果学习者具有明确的学习目标，他们就会更加努力地追求该目标。

第二，行为或意志控制阶段是自主学习过程中的一个重要阶段，它主要包括自我观察和自我控制两个过程。自我观察是指学习者对自己的学习行为进行跟踪和观察，以了解自己的学习状况和进展。在这个过程中，学习者通常会采用一些自我记录的手段，如写日记、做记录表等，来帮助自己更好地观察和分析自己的学习行为。这种自我观察可以帮助学习者更好地了解自己的学习特点和习惯，从而更好地控制自己的学习行为。自我控制过程则是帮助学习者集中精力进行学习的关键。它包括自我指导、集中注意力等过程。自我指导是指学习者在自我观察的基础上，对自己的学习行为进行指导和调整，以取得更好的学习效果。集中注意力则是指学习者在学习的过程中，能够集中注意力，避免注意力分散，从而更好地掌握知识和技能。

第三，自我反思阶段是一个深化自我认知、促进个人成长的关键过程，它包含两个核心环节：自我判断和自我反应。在自我判断环节，学生需要进行客观、全面的自我评价，全面审视自己的行为、决策及结果，并深入认识和评估自身的价值观、能力和性格等内容。通过自我评价，学生能更好地理解自己的行为模式和习惯，发现潜在问题，并找到改进方法。自我判断还涉及归因分析，即深入分析每次行为或结果的原因或影响因素，以便更好地预测类似情况下的反应，并区分无法控制的外在因素和可以通过努力改变的内在因素，从而更好地调整自己的行为和态度。在自我反应环节，自我满意是一种积极的反应，它源于对自己过去的行为或成果的认可和满足，可以激发学生的自信心。此外，适应性和防御性反应包括如何调整自己的态度和策略以应对不同的挑战和压力，这种反应能帮助学生更好地处理学习生活中的困难，提升适应能力和抗压能力，防止不良情绪影响学习。

在齐莫曼看来，培养学生的自主学习能力应该从自我效能、目标设置、策略的选择和使用、自我观察、自我评价等成分或过程着手。这是因为，尽管自主学习包含着复杂的结构和过程，但以上这些成分或过程似乎更为重要，也更容易操纵。

3. 巴特勒和温内的自主学习模式

20 世纪 90 年代以后，学者巴特勒（Butler）和温内（Winne）提出了一个更为详尽的自主学习模式。该模式从信息加工的角度来阐释自主学习的内在机制。巴特勒等人认为，一个完整的自主学习过程应该包括四个阶段：任务界定阶段、目标设置和计划阶段、策略执行阶段以及元认知调节阶段。①

（1）任务界定阶段

领域内知识在任务界定阶段起到了重要的作用。学习者的任务解释和学习任务的明确都受到了领域内知识的深刻影响。领域的广度和深度不仅决定了学习者对任务难易程度的判断，还影响了他们对任务重要性的认识。例如，如果一个学习者在数学领域拥有丰富的知识，他可能就会认为一个涉及复杂计算的数学任务相对容易，因为他已经具备了完成任务所需的基础算法和计算技能。相反地，如果一个学习者的数学领域知识储备相对较少，他可能就会认为同样的任务非常困难。

除了领域内知识，任务知识也是影响任务界定的关键因素。当学习者对任务有充分的了解时，他们能够准确地理解任务的要求和特征，这有助于他们制订合适的学习计划；任务知识匮乏的学习者可能会面临困难，因为他们难以确定任务的明确目标和要求。这种情况下，学习者可能会感到迷茫，不知道应该如何着手完成任务。

策略知识在任务界定阶段也起到了至关重要的作用。学习者如果认为自己拥有完成任务所需的策略，那么他们的学习动机将增强，因为他们有信心成功完成任务。相反，如果学习者认为自己缺乏完成任务所需的策略，他们的学习动机可能就会减弱，因为他们感到自己无法应对任务挑战。

（2）目标设置和计划阶段

自我效能感在个体目标设置与规划过程中具有显著的影响力。自我效能感较高的学生通常具备更高的信心，倾向于设定更具挑战性的目标，并愿意付出更多的努力以实现这些目标。反之，自我效能感较低的学生可能会设置较为保守的目

① 严明．大学英语自主学习能力培养模式研究：体验的视角 [M]. 哈尔滨：黑龙江大学出版社，2009.

标，并可能缺乏持续的动力。因此，学生需要根据自我效能感水平调整目标，以激发学习动力。

目标定向在目标设置中扮演着关键的角色。学生的目标定向会影响他们选择的目标类型。例如，以成绩为目标的学生可能会更注重分数和排名；而以技能提升为目标的学生，则更关注个人能力的提升和知识的掌握。因此，学生需要根据自身的目标定向，选择适合自己的学习目标。

元认知水平在目标设置与规划阶段中也起着重要的作用。元认知水平较高的学生能更好地评估自身学习能力，选择合适的学习策略，并适时进行调整。而元认知水平较低的学生可能会设置不切实际的目标，并采取不当的学习策略，也无法充分利用学习资源。因此，学生需要提高元认知水平，以更好地制订学习计划，设置合理的学习目标。

（3）策略执行阶段

在完成前两个阶段后，学生进入策略执行阶段。在此阶段，他们需要按照学习目标执行学习任务。元认知的监视和控制在此阶段显得至关重要。元认知监视主要关注学习进展与目标的一致程度，为元认知控制提供依据；而元认知控制则根据监视的结果来调整学习策略，有时也会调整目标和计划。在执行策略的过程中，学生可能会遇到一些问题，如缺乏动力、策略与任务不匹配等，此时元认知控制的作用更是不可或缺的。

（4）元认知调节阶段

学生通过运用学习策略来处理学习任务，并生成相应的学习结果，最终进入元认知调节阶段。在此阶段，学生需要对自己的学习过程进行评估，以更好地理解自身的学习状态并作出相应的调整。该评估结果可分为心理性结果和行为性结果。具体而言，心理性结果指的是学生对自己学习过程和结果的认知与监控，包括对学习目标的深度理解、对学习策略的有效应用以及对学习进度的整体掌握等方面。而行为性结果则指学生通过获取外部反馈来调节自己的学习过程，这包括对学习任务进行重新解读、对学习目标进行适时调整以及对学习策略进行重新选择等。在元认知调节阶段，学生需要依据自身的学习情况和目标来评估自己的学习结果，并将这种评估反馈到下一轮学习的设置目标、知识及信念、选用策略等过程或成分中。同时，学生还应当借助外部反馈进入监控过程，这样能够更加准确地评估和调整自己的学习过程。最终，经过不断的学习和调整，学生将生成新的学习程序，以便更好地应对各种不同的学习任务和要求，并获得与任务标准和要求相匹配的学习结果。

二、信息化背景下英语自主学习的理论依据和基本原则

（一）理论依据

信息化背景下英语自主学习的理论依据是建构主义理论。该理论的最早提出者是瑞士哲学家、心理学家皮亚杰（Piaget）。建构主义是现代学习理论中行为主义发展到认知主义以后的进一步发展，是认知学习理论的一个重要分支，其对基于计算机网络支撑的教学产生了极大的影响。皮亚杰理论体系中一个核心概念是图式，它被认为是认知结构的起点和核心，或者说是人类认识事物的基础。图式一经与外界接触，这种个体对世界的知觉、理解和思考的方式在适应环境的过程中就不断变化、丰富和发展起来。[①]

皮亚杰认为，认知发展受同化—顺化—平衡这一基本过程的影响。同化是每当遇到新事物时，个体认识就试图以原有的图式去同化，如获成功，就得到在原有认知上的平衡，从而实现认知量上的增加。与同化过程相伴而行的是顺化过程。当个体遇到不能用原有图式来同化新的刺激时，便要对原有图式加以修改或重建，以适应环境，直至达到认识上新的平衡。

行为主义理论认为学习是因强化训练导致行为变化，甚至认为单凭训练便可引发行为变化。与行为主义学习理论不同的是，认知主义学习理论认为认知发展不是一种数量上简单累积的过程，而是认知图式的不断重构过程，只有在学习者仔细思考时才会导致有意义的学习。建构主义则认为，学习是一种建构过程，是一种活动过程，强调学生在教学过程中的主体地位。决定学习的因素，既不是内部因素，也不是外部因素，而是个体与环境的交互作用，不仅要求学生从外部刺激的被动接受者和知识的灌输对象转变为学习的主体、成为信息加工的主体和知识意义的主动建构者，而且要求教师由知识的传授者、学生的管理者转变为学生发展的促进者和引导者。

依据建构主义学习理论，学习并不是个体获得越来越多外部信息的过程，而是学到越来越多有关他们认识事物的程序。这就意味着教师应当在教学过程中运用全新的教育理念设计教学。建构主义的基本观点正是强调以学生为中心，坚持学生是学习的主体，教师是学生主动建构意义的帮助者、促进者。学生应该在教师的指导和协助下，利用情景、协作、会话、意义建构等学习环境要素进行学习，充分发挥积极性、主动性、能动性，最终完成对知识意义的建构。建构主义把研

① 张野．皮亚杰文集（第10卷）[M]．开封：河南大学出版社，2020．

究学习的重点放在学习者在解决问题时认知是如何发生变化的关键上，也就是“你是怎么知道的？”而不是“你知道吗？”。因此，学习所关注的应该是学生主动的心理建构活动，即自主学习。建构主义学习理论更强调语言学习的社会性和个体获取知识的主动性，突出学习背景、学习条件、学习自主性和合作性与教师的主导性之间的相互影响和相互促进作用。

认知理论突出学生自主学习和以学生为中心的教学特点，强调学生首先要有强烈的学习欲望、浓厚的学习兴趣和科学的学习方式。以学生为主体的人本主义学习理论则侧重学习个体的主观行为以及个性对学习效果的影响。基于网络的多媒体主体化教学体系为学生积极主动学习提供了更为真实的学习环境，努力做到生机交互、师生交互、生生交互，以及课堂与上机学习、自学与辅导等的有机结合，使学生在计算机系统上的学习不受时空的限制，充分发挥其个性化、自主式学习的优势。多媒体计算机网络环境具有教学信息的多样化，教学反馈信息的实时性，教学系统的交互性的鲜明特点，它与建构主义理论的完美结合为英语自主学习教学效率的提高提供了有利的条件和理论依据。

综上所述，建构主义学习理论、认知主义学习理论、行为主义学习理论和人本主义学习理论，这些思想理论对多媒体计算机网络支撑的英语自主学习教学具有深刻的指导意义，已成为研究和实践的重要理论基础。这些理论较为全面地阐释了英语教学模式的理念，得到了外语界的充分肯定和重视，对我国英语教学产生了广泛而深远的影响。网络环境下的英语自主学习实验意味着传统教学观的改变和教学模式的变革。在教学中，教师应当采用全新的教学模式和教学方法，确立学生的主体地位，保证学生的参与和自主学习。网络环境下的英语自主学习模式是一种为了帮助学生提高语言实际应用能力的新型教学模式，使英语教学活动向主体化发展。

（二）基本原则

1. 学生的主体性原则

基于多媒体网络的英语自主学习模式是一种以建构主义为理论依据的学习方式，该模式强调学生是知识的自我构建者，即学生通过主动学习过程建构知识。在这种模式下，学生处于主体地位，人们更重视学生如何学习，而非教师如何教授。该自主学习模式可以帮助学生提高获取、选择、处理信息的能力。在多媒体网络环境下，学生需要从海量的信息中筛选出与学习目标相关的内容，并对其进行有效的处理和整合。在自主学习过程中，学生可能会遇到各种问题，如对某个知识点不理解、无法正确使用学习工具等。这时，教师的作用就凸显出来了，他们需要为学生提供必要的指导和帮助，解决这些问题，从而帮助学生顺利完成学习任务。自主学习模式以学生为中心，强调学生的“学”，在该模式下学生成为教学过程的主体。该学习模式注重学生的主动性和参与性，鼓励学生发挥自己的创造性和想象力，积极探索和发现新的知识。同时，教师也会根据学生的实际情况和学习需求，灵活调整教学内容和方法，以更好地满足学生的学习需求。

此外，教师作为教学活动的组织者和引导者，应为学生提供适宜的教学环境和教学方法，以调动学生的学习积极性和主动性，实现个性化教学。在教师的指导下，学生可以自主安排学习时间和空间，全身心地投入自主学习。教师应尊重学生的认知规律，让学生在互动中独立思考、交流心得，发挥个性特长，体现认知主体作用。只有这样，学生才能更好地掌握知识、提高学习效率，同时培养自主学习的能力和自信心。

2. 学习的3I性原则

这里的3I性是指独立性（Independence)、个性（Individuality)、探究性(Inquiry)。

（1）独立性

学习的独立性是学习者一种有意识地计划、监控、实行和反思的学习过程。第二语言的习得光靠课堂的教学是不能完成的，它更多地要靠学习者在课外进行独立学习，英语的教学在这方面就显得更为重要。学生要在课外独立地进行听、说、读、写、译各项技能的实践，独立地消化巩固课堂所学的英语知识技能，要独立进行自我学习，学会通过各种途径（如查找工具书、资料，请教他人等）自觉地吸收知识和解决问题。受传统教学模式的影响，学生在学习英语时往往缺乏这方面的能力，他们已习惯了从小学一直到大学的“满堂灌”教学模式，过分依赖老师，老师讲什么他们就记什么，课外没老师时就不学了。因此，培养学生独立学习英语，教他们学会学习也应该是英语教学的目标之一，也是网络环境下的英语自主学习必须遵循的重要原则之一。

（2）个性

个性同独立性学习相关联。个性是先天的，并且必然地以精神的方式表现出来，人格凸显的就是人的“个性”。网络环境的多样性、互动性为贯彻分类指导、因材施教的原则提供了广阔的空间。它可以适应当前个性化教学的需要，学生可以自己决定学习进度、选择不同的媒体，这体现了人类学习的个性和心理特征差异的因材施教的原则。学生可以通过网络进行听、说、读、写、译语言技能的训练，这种互动性的教学并不是向学生灌输知识，而是所有的学习资源均存在于学生自己身上。学者洛扎克（Roszak）强调学生潜能的至关重要性：“我们是带着完整的没有开发的、无法预测的个性进入学校中。教育旨在显露我们的个性——显露个性之最美；认识到个性是我们人类最潜在的资源，是人类的真正的财富。”①英国学者威廉斯（Williams）指出：“以差异性或多样性为基石的生物学，赋予了每个个人以一系列独特的属性，正是这些特性使个人拥有了他以其他方式不可能获得的一种独特的品格和尊严。就潜力而言，每一新生婴儿都是一未知量，因为在他的身上存在着无数我们并不知道的具有相互关系的基因和基因组合，而正是这些基因和基因组合促成了他的构造及品行。作为先天及后天的综合结果，每个新生儿都有可能成为迄今为止最伟大的人物之一。不论这个婴儿是男是女，他或她都具有成为一个特立独行的个人的素质。”②

当代哲学、心理学和脑科学研究的最新成果表明，个体之间发展的根本就是差异性发展和个性的发展，这就要求教育教学提供与个体差异性和个性相一致的实践形式。21 世纪社会的发展趋势必将是“知识化”“学习化”，而个性化教学正是为了发展学生的个性、塑造新型的自由人格，教育的根本任务在于使学习者学会如何学习、如何劳作、如何与他人共同生活以及如何生存。个性化教学就是使教学适应个体个性化的自然需要，也就意味着寻求各种不同的变体和途径，按照各种不同的个人特点去达成一般的培养目标。网络创设了一个多元开放的自主学习的情境，学生通过独立学习、思考，对语言知识技能掌握的熟练程度和学习效果肯定不同于传统的教育教学模式。个性化教育可以充分发展学生潜能，使其适应多样化的社会需求。

（3）探究性

探究性原则指学生在教师的指导下，通过选择一定的课题，以类似科学研究的方式进行主动探索。要真正习得一门外语进行探究性学习不失为一项选择，这一点对英语学习来说尤为重要。网络以其交互性和多媒体等特点为探究性学习创造了良好的条件。

探究性英语学习是一种自我导向的学习过程，学生根据个人兴趣和需求自主选择学习内容和方法，积极探索问题、发现问题、解决问题，从而获得新的知识和技能。这种学习方式不仅提高了学生的自主学习能力，也培养了他们的创新思维和实践能力。网络资源的丰富多样为学生提供了广阔的学习平台，学生可以

① 何齐宗．审美人格教育新论[M]．北京：教育科学出版社，2014．

② 邓志伟．个性化教学论[M]．上海：上海教育出版社，2002．

通过网络查找资料、观看视频、听取语音等方式进行学习，提高了学习效率，拓宽了视野和知识面。在探究性英语学习过程中，教师起到主导和引领的作用，不再是知识的灌输者，而是学生学习的指导者和伙伴，可以帮助学生克服困难，提供必要的支持和建议，增强学生的自信心和学习动力。这种学习方式不仅改善了学生的学习效果，也促进了师生之间的互动和交流。探究性英语学习强调激发学习主体的求知欲与探索欲，他们参考前人的知识体系探索适合自己的学习方式和方法。

在信息化背景下，学生的英语学习相比母语学习多了一个环节，这主要是由于英语学习的跨文化交际性质。英语学习涉及对不同语言文化的理解和沟通，而在与外国文化进行交际时，学生需要积极主动地探究和分析母语和本民族文化的意义，以便更好地理解和掌握英语。然而，大部分学生在自主性英语学习过程中难以摆脱本民族语言文化的影响和习惯。由于母语思维定式和语言习惯的干扰，学生在英语学习中常常会遇到各种困难和挑战。因此，自主性英语学习过程的认知和创新思维也需要不断发展和提高。为了帮助学生更好地掌握英语，教师可以在课堂上引入文化比较和跨文化交际的内容，帮助学生了解不同语言文化的差异和相似之处。同时，学生也需要在自主学习过程中积极探究和分析母语和本族文化的意义，以便更好地理解和掌握英语。

德国歌德学院国际文化传媒机构主席尤塔·林姆巴赫女士认为，“如果把你自己的世界观和价值观与另一个民族的行为和思想比较，那么，你就能更好地理解自己的世界观和价值观”[①]。学生的知识储备和人生经历是影响探究性学习过程中理解和应用新知识的重要因素。这些因素可来源于学生的前期学习、生活经验或对特定主题的已有理解，并受到学习环境、教师的教学方法或学习资源等多种因素的影响。良好的学习环境或有针对性的教学方法能够帮助学生更好地理解和掌握新知识。自主探索学习是一种主动的学习方式，学生通过自主寻找和发现信息的方式来获取知识，从而获得对新知识豁然开朗的理解和掌握，而非被动地接受教师的传授。

此外，探究性学习还包括基于网络的学习，如网络探究便是一种面向探究的活动，活动中学生所用到的所有或者大部分信息是来自网络的，它涉及的问题往往是开放性的，有多种回答方式，有利于培养发散思维。网络探究在写作教学中的应用极具成效。教师可设定写作主题，包括命题作文和无题作文，学生则根据

---

① 陈青松．网络环境下大学英语自主学习的研究与实践[M]．厦门：厦门大学出版社，2009.

自身实际情况及兴趣自主选择所需资料与信息、进行网络调研、参与集体创作，并最终展示与评价作品。

3. 交互协作性原则

交互协作性是网络环境下英语自主学习的重要支撑点。我国学者许罗迈指出，以自学为主要训练方式的网络课程成功的关键是其交互能力，采用人机交互方式能够较好地解决传统课堂一对多关系难于解决的个性化教学的问题①。

一对一教学模式是当前教育领域中的一个热门话题，而人机交互正是实现这一目标的重要手段之一。这种新的教学模式不仅打破了传统班级规模限制，还通过即时反馈和互动激发了教师和学生的积极性。基于单机或局域网、校园网、互联网的多媒体听说教学模式，为语言交流和运用提供了更为便捷和高效的方式。在这种模式下，学生可以与机器进行互动、进行语言的学习和运用，同时也可以与教师和其他学生进行交流，提高语言运用能力。这种教学模式不仅提供了个性化的学习体验，还有助于学生更好地掌握语言技能和提高语言运用能力。此外，人机交互的教学模式还可以培养学生的自主学习能力和合作学习能力。通过与机器的互动，学生可以自主选择学习内容和进度，同时也可以与其他学生进行合作学习，提高学习效率。这种教学模式不仅可以促进学生的全面发展，还可以为未来的教育发展提供新的思路和方法。

读、写、译课程的教学既可在传统课堂上进行，也可在计算机上进行，教师在学生上机时进行指导或讲授。在信息化背景下，英语自主学习模式是一种新型的学习方式，它利用网络互动功能来创造一个群体学习环境。通过使用多种交流手段，如在线讨论、实时消息传递、在线协作等，学生可以与学习媒介进行互动，实现知识的获取与建构。这种学习模式不仅关注语言知识的获取，还注重培养学生的学习习惯、情感态度、合作精神以及创新品质，提高学生的信息素质。

信息化多媒体教学课件在当今的教育领域具有显著的优势。首先，通过使用这类课件，学生不再是被动的接受者，而是可以自主选择学习内容和进度。这种自主性不仅使学生感到更加自由和舒适，还能够激发他们的学习兴趣和动力。其次，信息化多媒体教学课件有利于学生的协作学习。在传统的教学模式下，学生往往只是单独地学习，而忽视了他人的观点和想法。然而，通过使用这类课件，学生可以方便地进行讨论和交流，分享各自的观点和集体智慧。这种协作学习方式不仅可以提高学习效率，还能够培养学生的合作精神和团队意识。最后，信息

① 陈青松．网络环境下大学英语自主学习的研究与实践[M]．厦门：厦门大学出版社，2009．

化背景下的交流手段非常便捷。学生可以利用各种在线平台进行实时讨论和交流，如社交媒体、在线聊天室等。这些平台可以让学生随时随地进行学习和讨论，不受时间和空间的限制。这使得学生可以更加自由地进行学习和交流，从而更好地掌握知识。

在交互式多媒体网络创设的情境下，学生既能听到声音，又能看到影像，在此基础上通过人机对话用语言表达听到或看到的内容，可以获得丰富的语言学习体验，有利于知识的获取与保持。网络多媒体需提供充足的语言输入，而且要求学生进行语言输出，语言输出使学生更加积极负责地参与语言学习。计算机的交互性改变了传统教学手段的单向传递，其能向学生提供及时充足的反馈。多媒体网络考虑到学生的个体差异，设计的教学内容可以满足不同的学习需求。

网络与课堂教学的结合构成了课堂中的“在线学习”。“在线学习”在网络交互式教学中得以体现，利用在线学习，学生可以根据自己真实的学习水平与自身独特的学习方式自主地选择适当的学习内容与方式，还可以根据计算机及其网络对学生情况的反馈，自主地决定学习的步骤与进度。在线学习为学生提供了一个广阔的学习空间和崭新的学习手段，教师和学生都成为网上的一个节点，不同的节点之间通过网络快速有效地进行信息的传递，构建了一种开放式的教学，每个人都处在同一个信息网络中，知识的传播、扩散、交流、共享和增值在信息网络中可以得到实现。学生不仅从中获得了知识，还提高了学习的效率。

三、信息化背景下学生英语自主学习能力的培养

（一）明确教学目标

教学要想成功，必须保证教学目标制定得明确而合理。在传统的英语教学中，教学目标一般由教师或学校来制定，学生基本不参与，而且只在学习过程中按照教师讲授的内容进行学习，没有太多的自主性。因此，学生对教学目标的了解甚少，教师在课堂上教授什么知识，学生就学习什么知识。在这样的教学模式下，学生的自主学习意识往往较为薄弱。鉴于这一点，信息化背景下的英语教学中，教师应让学生在开始自主学习之前明确自己的学习目标，具体应做到以下两点。

第一，让学生参与学习目标的制定。学生参与英语教学目标的制定不但可以提高教学目标的合理性，还会增强学生作为英语学习者的自主意识和责任感，使学生感到自己在教学过程中的重要作用，同时有助于学生根据教学目标的变化，随时调节自己的学习方法和策略，从而提高自主学习能力。

第二，不仅要让学生了解各个阶段的教学目标，还要让他们了解每个单元、每节课的具体目标，使他们的英语学习计划更具有针对性和指向性。学生和教师在教学中不断合作，并对不合理的教学目标提出意见；教师应认真对待学生提出的意见，对其进行合理的分析，采纳其合理部分。

（二）转变教师角色

英语信息化教学是一种以学生为中心的教学方式，它强调学生的自主学习和自我发展。在这种教学模式下，教师需要转变角色，从传统的知识传递者转变为学生学习的引导者和合作伙伴。教师需要营造一个教学相长、和谐平等的课堂氛围。在这种氛围下，学生可以自由表达自己的观点和想法，与教师和同学进行平等的交流和讨论。这有助于激发学生的学习兴趣和探究精神，使他们保持探究英语知识、学习英语技能的主动性和积极性。教师需要引导学生主动探索、交流合作。在信息化教学中，教师可以利用各种信息化手段和工具，为学生提供丰富的学习资源和多样化的学习方式。例如，教师可以引导学生利用互联网和英语学习软件进行自主学习，还可以组织学生进行小组讨论和合作学习，让学生在互相交流和合作中提高英语水平和思维能力。教师需要培养学生自主学习的意识和习惯。这需要教师在教学过程中注重培养学生独立思考和解决问题的能力，鼓励他们主动寻求帮助和寻找学习资源，自主安排学习时间和进度。

（三）开展需求分析

教师进行英语教学活动的最终目的是提升学习者的综合英语能力，因此，要想取得理想的教学效果，就必须对学生进行深入细致的需求分析，需求分析是实施自主学习的前提条件。具体来说，需求分析包括个体与整体两个层次。从个体层次上来看，教师应根据学生的个性差异以及他们做出的需求分析来帮助他们确立英语学习目标，制订英语学习计划。从整体层次上来看，教师要对学习者英语学习的个体需求进行综合考虑，并据此对自己的教学进行适度的调整和改进，以便更好地与学生的学习计划相适应。在这方面，教师可以通过网络教学平台监督学生的学习行为，并进行汇总，从而分析学生的学习兴趣和需求所在以及学生的英语学习需求；也可以通过网络平台发布调查问卷，让学生主动表达自己的学习需求和对学习计划的意见，掌握学生的真实学习需求。

（四）激发自主学习兴趣

兴趣是学习英语不可或缺的因素，开展符合学习者自身兴趣的自主性学习活动对开发他们的潜能有很大的好处。在传统的教学模式中，学习者是知识的被动接受者，这很容易使学生丧失学习的兴趣。因此，信息化背景下的自主学习要想取得成功，教师自己首先要改变传统的教学模式，变教师中心为学生中心，通过教学资源、教学工具、教学形式与网络信息技术的结合充分激发学生的学习兴趣，使学生更加积极地参与到课堂活动中来，从而增强学习的效果。

另外，教师还应逐渐消除学习者的消极依赖心理，让学习者通过网络渠道主动进行自主学习，帮助学习者挖掘学习的动机，激发学习者的学习兴趣，引导他们发挥主体作用，以便更好地促进英语语言的学习。

（五）培养自主学习习惯

要想使学生成为独立自主的英语学习者，教师必须培养学生自主学习英语的习惯。因为学生一旦养成自主学习的习惯，就能有效地扬长避短，有计划地完成自己的学习目标。信息化背景下培养学生自主学习的习惯可以从以下几个方面入手。

其一，使用趣味化的英语教学资源，培养学生的拼读能力，使学生了解构词规律，并训练学生养成良好的书写习惯、阅读习惯、口语习惯、听力习惯等。教师可以寻找或者自己制作电子英语教学资源并上传至网络平台，通过丰富的、形式多样的英语教学资源帮助学生深入了解拼读相关知识，形成良好的网络自主学习习惯。

其二，教师可以寻找学生感兴趣的英语演讲、英语视频等内容，让学生通过信息化渠道来接触英语知识和相关文化，引导学生掌握英语宏观层面的内容，同时告诫他们不要忽视语言微观层面的内容。

其三，教师可以通过网络渠道检查和监督学生的自学情况，积极引导学生进行课外自主学习。

（六）优化自主学习资源

传统的英语教学难以取得预期的教学效果，其中一个重要的原因就是学习资源脱离生活、内容单一。自主学习的资源因素要求提供真实的学习材料，配备现代化的多媒体信息平台或建立自主语言学习中心，组织自主性的学习活动，使学生能够接近真实的语言使用者和其他语言学习者。因此，教师应把自己当作英语语言的使用者，尽量用地道的英语组织教学。此外，教师还应把课内资源与课外资源有机结合起来，利用多种途径增加学生接触和学习英语的机会。

第二节 英语混合式教学模式

随着时代的发展，科学技术给当今社会的各个领域带来了翻天覆地的变化，它不仅将世界缩小为“地球村”，还改变了我们的支付方式、交通运输方式、通信方式等。在信息技术空前发达的背景下，教育教学方法的转变也迫在眉睫。为了帮助学生更好地应对他们即将面临的挑战、充分地利用丰富多样的网络资源，将传统课堂教学与现代化在线教学相结合的混合式教学模式应运而生。

一、混合式教学的主要概念

（一）混合式教学的基本内涵

“混合式教学”是在互联网信息技术与教学模式相互融合的背景下产生的。混合式教学是一种融合线上和线下教学方式的教学模式。

混合式教学具有明显的教学优势，它依靠现代化的平台技术，实现了面对面教学与在线教学的融合，在这一过程中，教师的作用得到了最大限度的发挥，而学习者也实现了个性化学习。混合式教学不仅可以将各种教学方法、教学设备等进行融合，还可以将课程内容、教学策略等进行融合。需要说明的是，虽然教学中的很多因素都可以融合，但并不是任意地融合。匹配效果的相互融合，才是一种成功的融合。

（二）混合式教学的基本特征

1. 以学习者为中心

混合式教学在应用过程中始终以学习者为中心，教师不再是课堂教学的主体，师生交流成为教师关注的重点。教师的角色发生了明显的变化，教师开始在学习者学习的过程中扮演辅助性的角色，成为学习者自主学习的促进者。

混合式教学吸收了面对面教学以及在线教学的优势，无论是教师还是学习者，都能从混合式教学中获得益处，教师可以在更大程度上激发学习者的学习积极性，而学习者则可以在学习中获得更多的学习经验。混合式教学环境给学习者提供了充足的自由，学习者可以根据自身的需要进行学习节奏以及进度的调整，也可以自主选择课程与教师。在混合式教学的任意一种模式中，学习者的学习需求都是被优先考虑的，同时学习者也会获得较大的课程选择权，学习者可以根据自己以及教师的情况自由选择课程进行混合式教学。在这一过程中，教师要时刻关注学习者的心理变化，根据不同学习阶段学习者的心理特征，有针对性地开展教学活动。

2. 重视深度融合

混合式教学并不是指将教学中的各要素随意地融合，而是要在保证教学效果的前提下进行融合，要遵循一定的规律。

首先，混合式教学的教学活动并不局限于传统的课堂活动，它还包括在线活动。这种融合的范围非常大，所有的学习者都会涉及其中，这使学习者可以学到他人高效率的学习方法，也可以找到适合自己参加的学习活动。

其次，传统课堂教学环境与在线教学环境相对独立，面对的都是不同的学习群体，而混合式教学则实现了两大群体的融合，这种融合对于任何一个群体来说都极具益处。传统课堂学生群体可以学习在线课堂学生群体的高效率，而在线课堂学生群体则可以学习传统课堂学生群体的认真态度。

最后，在线教学与面对面教学中的教师也实现了融合，以往单一课堂环境中的教师只能就课堂问题进行交流，对课下学习者的问题很难给予回答，而在线教学中的教师则可以实时解决学习者遇到的问题。

这三种教学要素的融合并不是随意地融合，而是遵循其自身规律，在混合式教学实施的过程中，以多种方式为基础，主要包括翻转课堂教学方式、移动教学方式、在线教学方式等。教学方式的多种多样，有利于学习者找到适合自己的学习方式，从而提升学习效率与质量。

3. 注重师生之间线上线下的交流和互动

混合式教学将面对面教学与在线教学的优势相结合，实现了师生线上与线下的双向互动，在进一步增进师生感情的同时，也拓宽了学生学习的渠道。

在任何教学中，教师与学生都是教学的两大主体，混合式教学也不例外，传统课堂中教师与学生的交流不多，这使教师很难接收到学生的学习反馈。而在混合式教学中，教师可以实时接收到学生的学习反馈，教师可根据学生的反馈制订适合学生的教学计划，从而保证不同学生的学习需求。

教师与学生可以利用信息技术与交互工具在在线教学平台上交流，在教学软件的帮助下，教学与学习活动不再受时间地点的限制，学生可以随时学习，节约了学习时间，也提高了学习效率。

学生的问题并不完全集中在课堂上，很多学习问题都是在课下进行自主学习的过程中产生的，而传统课堂教学无法将问题的解决延伸到课下，此时混合式教学就发挥了作用。教师利用各种学习软件与学生互动交流，不仅可以及时指导学生的学习，还可以监督学生的学习过程，当发现学生遇到问题时可以给予其适当的帮助。在不同的学习环境中，学生对教师的需求存在差异，因此，混合式教学兼顾了学生对教师线上、线下的需求，教师可以同时把握学生线上、线下的学习情况，这就是混合式教学最大的优势所在。

二、混合式教学中的教师与学生

（一）混合式教学中的教师

教师作为教学过程的策划者、学生知识建构的引导者以及学生品德培育的担当者，需要充分了解和关注学生的特性，以选择合适的教学内容、媒介和沟通方式。在混合式教学环境中，教师需要采用面对面的教学方式，深度剖析学习内容中的重难点。教师应发挥自身的个性魅力、语言魅力以及可以实时情感交流的优势，精心设计课堂教学活动，使其与学习认知心理活动的规律相匹配，从而发挥教师的主导作用。

1. 教师应具备的基础能力

（1）信息技术应用能力

在这个信息丰富的教学环境中，每个学生在学习过程中都可能会产生各种出乎意料的情况和问题，为及时应对突发状况教师必须能够随机应变并熟练驾驭各种信息技术。计算机作为现代教学的工具，在现代教学模式中的地位越来越重要，这也就要求广大教师掌握好计算机技术，为现代化教学打好基础。此外，教师还要提高信息技术的应用能力，主要包括对信息技术重要性的认识，对信息的判断、选择、整理、处理的能力，以及对新信息的创造和传递的能力。同时，为提高课件制作的质量、适应多媒体教学的需要，教师需提高自己的课件制作水平。总之，教师的信息技术能力要体现在以下几个方面：①将信息技术作为准备教学的重要工具，从备课查找资料，到设计、制作教学软件都可以应用信息技术，从而提高教师的工作效率和质量；②根据信息技术提高所要呈现教学内容的质量，创设更生动、逼真的问题情境，引导学生进入自主学习状态；③将信息技术作为总结教学经验的工具，用软件记录、管理教学日志，并定期通过网络发表自己的教学体会，与其他教师进行交流。

（2）混合式教学的组织能力

混合式教学能够充分发挥信息技术和传统教学的优势，满足学生个性化和多元化的学习需求。在混合式教学中，教师需要担当多重角色。他们既是知识的传授者，又是问题专家和课程设计者，还是教学组织者。在组织混合式教学时，教师需要根据学生的特点和教学目标，制订和实施合适的教学计划，并根据学生的评估和反馈，持续调整和优化教学方案。为了达成教学目标，教师需要得到技术和管理部门的协作支持。技术部门可以为教师提供必要的技术支持。管理部门可以为教师提供必要的政策和资源支持，创造优质的教学环境和工作条件。

（3）创造性的教学智慧

混合式教学本质上是将智慧融入网络教学空间，对于教学来说，就是教师智慧融入平台，学生智慧融入平台。教学智慧是教师面临复杂教学情境时所表现的一种敏感、迅速、准确的判断与行动的综合能力。教学智慧展示常常伴随着教学过程中的方法、内容、技能等，使教学成为一种艺术。有人把教学智慧比喻为“跳荡在教学情境中的灯火”，意指教学智慧的偶然性、个别性、特殊性与不确定性。教师的课堂教学行为只能依据课堂教学实际发展的情境、结合教师个人智慧、感知教学发展态势，以辨别那些具有某种发展趋势的“记号”，进而顿悟出与此态势协调的行为对策，从而决定自己的教学行为，这个过程就是教学智慧表现过程。

课堂教学是一个教师对多个学生，学生提出的问题具有多样性和变化性，这就要求教师具有灵活性和随机应变的教学智慧。教学智慧是教师施教的根本，凭借其神奇的光焰，点燃学生创造的火花。

（4）适应混合式教学的能力

混合式教学期待技术的变化促进学生互动，但需要教师主动适应，采取有利于体现混合式教学功能的教学方法，才能带来有利于提高学生参与度的教学改变。教师从线下走到线上的转变过程中，会有一段磨合期。转变习以为常的教学方式对教师来说是一个挑战，很多原本需要反复讲的学习内容，现在不需要了，这将大大减少教师在课堂上重复操练的时间，让学生学习更加富有成效。

（5）提高开展混合式教学活动的能力

课堂教学质量提高的关键在于对整个教学过程的控制。教师的指导作用不能弱化，教师要对学生课前、课中、课后这三阶段的学习进程进行控制，可实行外部控制与内部控制相结合，教师控制与学生反馈相结合，课前、课堂、课后的“三结合”方式。在整个混合式教学过程中，教师在课堂教与学的过程中，按照已做好的教学设计，准备课堂讲授的内容，通过多媒体课件或板书呈现，根据学生的反应适当调整教学进度、改进教学方式。以混合式教学理论为指导，发挥教育者的群体智慧，精心制作微课程。设计开发基于平台的微课程，确定学习者资源和学习任务的发布方式，对学生通过平台的提问进行合理的解答，并及时发送；通过平台，对学生的学习情况进行监控，加以记录和分析，以便应对之后的挑战。

在混合式教学中，教师的角色不再仅仅是知识的传授者，而需要更加关注学生的主动学习过程，包括利用网络资源组织答疑、批阅作业等多个方面。在这种模式下，教师不再仅仅是知识的提供者，而需要引导学生主动探索和思考。同时，教师也需要减轻教学负担，如通过自动化批阅作业等方式提高教学效率。混合式教学使得教师的角色呈现多样性。他们既可以在学校中为学生提供面对面的指导，也可以在虚拟网络中通过在线交流、视频会议等方式进行远程教学。这种灵活性使得教师可以更好地适应不同的教学环境和需求，同时也能够提高教学质量。

2.教师应具备的教学技能

（1）促进有效交互

计算机网络为人们提供了丰富的交流渠道，这些渠道不仅方便、快捷，还能使网上教学的交互更加个性化。通过在线平台，学生可以在任何时间、任何地点与教师进行互动，这大大提高了教学的灵活性和效率。同时，网络交互也可以更好地满足不同学生的需求，因为学生可以根据自己的时间和进度来安排学习。然而，虚拟性和隐匿性也给网上教学带来了挑战。学生和教师之间的交流缺乏面对面交流时真实的情感互动，这使得交互的情感性被削弱。学生在学习中遇到问题时，可能无法及时得到帮助，或者在等待回复的过程中感到无助和困惑。这种情况可能会影响学生的学习积极性和动力。

在混合式教学中，教师的参与对有效交互非常重要。教师不仅要提供知识和技能方面的指导，还要关注学生的情感需求。他们需要在交互过程中注入情感因素，及时反馈学生的问题，并给予鼓励和支持。此外，教师还需要在不同学习阶段提供不同的交互策略，以便更好地满足学生的需求。为了弥补虚拟交互的不足，教师可以将在线交互与课堂交流结合起来。在课堂上，教师可以利用面对面的交流机会，加强与学生的情感互动，以便更好地了解他们的需求和问题。同时，教师也可以利用在线平台来拓展交流的渠道，鼓励学生随时提出问题并寻求帮助。这样可以使教学更加全面和有效。

（2）学习过程管理

在混合式教学中，教师对学习过程的管理是至关重要的。在学习准备阶段，教师的作用主要体现在为学生的学习提供支持和引导。这包括选择适合的学习指导书，确保这些资源能够满足学生的需求，同时又具有实用性和针对性。此外，教师还需要及时对学习资源进行管理和更新，保证学生能够接触到最新、最全面的知识。更为重要的是，教师需要引导学生选择与他们自身能力匹配的学习内容，避免学生因难度过高或过低而产生挫败感或失去兴趣。

在混合式教学中，学习过程不再仅仅是知识的单向传递，而是一个需要学生积极参与、主动思考的双向互动过程。因此，教师需要从课堂监控转化为情境监控，关注学生在实际情境中如何应用知识，而非仅仅记住知识。同时，教师还需要关注学生的小组协作学习情况，鼓励他们进行深入的讨论和交流，培养他们的团队合作精神和解决问题的能力。

在混合式教学中，评价不再仅仅是单一的考试成绩，而是需要从多个角度对学生进行全面、客观的评价。这包括学生的课堂参与度、小组协作能力、解决问题的能力和创新思维等。因此，教师需要采用多元化的评价方式对学生进行发展性评价，以充分挖掘学生的潜力，帮助他们更好地认识自己，提升学习质量。

总之，教师在混合式教学中要充分发挥主导作用，通过精细化的学习支持和管理、全面的全程监控以及客观的发展性评价等方式来提升学生的学习质量。这不仅需要教师具备扎实的专业知识，还需要他们具备敏锐的观察力、灵活的应变能力和良好的评价能力。

（3）扎实的行动知识

行动知识可以理解为一种为实际工作提供指导的知识。如果从不同的角度来考虑行动知识作为研究工作目标的真正价值，如谁需要什么知识、他们需要什么类型的知识，就能更好地理解行动知识的真正价值。例如，在学习经验中，行动知识可以用来塑造和解释学习者如何利用其经验知识设计其学习环境；在学习空间设计领域，行动知识可用于设计和评估的所有阶段，但其性质随发展阶段变化而变化。在概念发展阶段，学习空间的使用者与建构者在概念形式化过程中所需要的知识是不同的。它不同于空间建设过程中所需的知识，也不同于工作评估时用到的知识。

3. 教师角色的转型

混合式教学模式下，教师需对其教学理念和方法进行更新。在课堂中运用信息技术要求教师不仅熟练掌握相关技术技能，还需转变原有的教学观念。教师要改变传统的教学模式，提高教学理论素养，转型为现代教学模式中的新型教师角色。

（1）指导者和导航者

将传统课堂中教师的角色由主要的信息提供者转变为指导学生正确获取信息的指导者，从单纯的信息源头转变为导航者。由于学生对学习目标和过程的理解存在很大的局限性，教师需要按照教学目标来规划整个教学过程，并安排相关的细节，包括如何利用网络激发学生的学习兴趣，并帮助他们有效地从网上获取信息。

（2）协调者

在新时代的教育环境中，教师不再仅仅是知识的传递者，而是成为学生与各方面关系的协调者。混合式教学是一种融合线上与线下教学的新型教学模式，为学生提供了一种更为灵活、高效的学习方式。然而，这种教学模式也带来了一些挑战，其中之一便是它在一定程度上减少了面对面的交流。面对面的交流不仅是知识的传递，更是情感的沟通，是社会交往的重要组成部分。混合式教学可能对学生的情感、意志力和认知方式产生影响，这是教师需要关注和深思的。这也意味着教师的作用在这个过程中显得尤为重要。他们需要指导学生在新的学习模式下，如何保持与他人的有效沟通、如何维持良好的情感状态、如何锻炼坚定的意志力，以及如何发展出全面和深入的认知方式。因此，教师已经不再仅仅是知识的传递者，而是学生情感、意志和认知发展的指导者和协调者。

（3）技能掌握者

教师需要考虑课堂教学与网上教学两种方式的协调。随着科技的不断发展，混合式教学已成为教育领域的趋势。然而，教师在实施混合式教学时，面临着许多挑战。其中最大的挑战之一是教师的技术水平。教师只有熟练掌握各种教学工具和技术，才能有效地将它们融入传统课堂教学中，实现网上教学的有效补充。如果教师缺乏必要的技术能力，就难以有效地设计和实施混合式教学，影响学生的学习体验和效果。因此，提高教师的技术水平，并使之成为技能掌握者是实施混合式教学的关键。

（二）混合式教学中的学生

在混合式教学过程中，学生需要对自己的学习结果负责，学生也不再是单纯的知识接收者，而是学习过程的主动参与者。学生需明确学习目标及自身的需求，以便自我管理；能选择合理的学习步调，并能利用技术手段；善于在学习情境中加强师生之间、生生之间的沟通与交互，以便交换问题或建议并互相帮助；创造群组的动力，共同完成学习任务。网上学习避免了部分学生畏于教师的权威，以至于教学互动因此受限制的情形，也弥补了学生之间的互动受时间、空间与上课秩序等因素限制的不足。

1. 提高信息素养

信息化教学就是要提高学生的信息素养，让其转化成为学生的探索能力、自己发现问题和解决问题的能力，以及创造性思维能力等。学生若缺少必要的信息素质，构建混合式教学模式就会成为一句空话。首先，学生应具备一定的计算机应用能力，不仅能够使用一些基础的软件，如 Office 软件等，还能学会如何使用搜索引擎进行信息资源的查找和搜集、如何更快捷和正确地使用网络资源来更好地为自己的学习服务。这是混合式教学的基本技能，学生一入学就可通过计算机基础知识课程进行学习和掌握。其次，学生平时要提高使用软件、进行网络搜索、利用电子邮件和公告板等的通信方式操作的熟练程度。最后，学生还要具有网络交互能力。这表现为人机交互和人与人交流两个方面，人机交互主要表现在计算机应用能力上，人与人的交流也是要通过计算机进行的，交流的能力与技巧也很重要。

2. 树立混合式学习理念

在混合式教学中，学生的角色定位已从原来的被动接受知识的对象转变为自主学习的主体，他们应当适应新的教学模式的特征。

(1) 由原来的被动接受知识的对象转变为主动进行自主学习的主体

混合式教学中学生不再是被动地接受信息，而是要主动思考、主动探索、主动发现，由原来的被动地接受知识信息转变为主动地建构知识信息。正如建构主义学习理论所认为的，学习过程不是学习者被动地接受知识，而是积极地建构知识的过程，学习活动是以学习者为中心的。因此，学生应具有较强的兴趣和动机，同时，学生要尝试培养批判思维意识。在网络环境中，教师的主要作用不再是提供信息，而是培养学生自主获取知识的能力，指导学生的学习探索活动。这就要求学生发挥主动性和积极性，在教师指导下进行主动思考与探索，由原来的被动接受知识的对象转变为自主学习的主体。

(2) 学会自主学习，开展协作学习

在混合式教学环境下，学生进行的是个性化的自主学习和协同学习，可以按自己的知识结构选择相关的知识内容进行学习。学生可以在很大程度上支配自己的学习时间、学习过程和学习空间，并强化自己所学的知识和所掌握的技能，具有进行及时测试并得到及时反馈的意识。在学习过程中，学生要培养和提高实时与教师和学习同伴进行交流、开展协作学习的能力，学生可以通过网络通信技术与同伴、教师、专家等合作，发布作品并进行交流。学生可以建立个人主页或小集体主页，创设个性化的学习讨论平台。在网络支持下，学生通过互相协同、互相竞争或分角色扮演等多种形式来参与学习，这对于问题的深化理解和知识的掌握运用很有好处，而且对认知能力的发展、合作精神的培养和良好人际关系的形成也有明显的促进作用。

（3）注重创造性学习

互联网是世界上最大的知识库、资源库，它拥有最丰富的信息资源，而且这些知识库和资源库都是按照符合人类联想思维的超文本结构组织起来的，特别适合学生进行“自主发现、自主探索”式的学习，这样就为学生思维发散、创造性思维发展和创新能力的孕育提供了肥沃的土壤。在网络环境中学习，学生的学习过程不再由教师统一控制，不再像课堂教学那样强调集中思维、求同思维和正向思维，学生具有很大的自由空间，在学习中能更多地进行主动学习和独立思考。

（4）培养组织能力和自控能力

现代教育技术手段为课堂教学所提供的教学环境使得课堂上信息来源变得丰富多彩，教师和课本不再是唯一的信息源。多种媒体的运用不仅能够扩大知识信息的含量，还可以充分调动学生的多种感官，为学生创造一个良好的学习情境。在网络环境中，学生面对的是整个网络世界提供的大量信息，身边没有教师和各种规章制度的约束，学生的学习活动完全在自己的管理控制下进行。因此，学生要完成网上学习就必须有较强的组织能力和自我控制能力，这体现在自定学习目标、自定学习进度、自选学习内容、自定学习路径、自己决定参与讨论和协作学习时间等。

（5）增强参与意识，增加教学中的互动性

交互性是网络的特征之一。互动式教学网络的设计使师生之间在教学中以交互的方式呈现信息成为可能。学生在网络中不仅在接收，而且在表达；不仅可以与其所在学校的教师发生交互作用，还可以向提供网络服务的任何一位教师请求指导、提出问题，并且发表自己的看法，使得互动学习可以扩展到世界各地。

三、信息化背景下混合式教学与英语教学的融合

（一）混合式教学与英语教学融合的意义

1. 加快英语教学理念的创新

要想在英语课堂中更好地应用混合式教学模式，首先要更新教学观念，不固守成规，真正树立起混合式教学理念。将混合式教学的理念融入英语课堂能够加深英语教学与互联网技术之间的融合，从而更好地把互联网模式、理念或者技术

等应用到教学过程中，这无疑有利于英语课堂教学的创新与变革。另外需要指出的是，英语课堂混合式教学模式也促进了各种教学方法、理念和技术之间的相互融合，从而使英语课堂能够对各种方法和技术进行综合运用，发挥各种方法和理念的优势，解决实际教学过程中所遇到的问题，并使英语教学得到进一步的创新。

2. 构建混合式教学模式下多边互动的师生关系

如果将混合式教学模式应用在英语课堂中，那么必然会使教师与学生的角色功能、任务、关系等发生非常明显的变化。

首先，混合式教学模式更加强调学生的主体地位。教师应该花更多的精力帮助学生提高自主学习能力，引导学生通过各种平台和渠道搜寻自己所需要的信息资料并最终形成最适合自己的学习模式。

其次，教师的功能和任务也发生了极大的变化，在课堂教学指导方面以及教学设计方面都更为复杂。教师要及时更新自己的教学理念，及时了解教学新环境，在提高自身综合能力的同时加强对英语课程的合理设计，有效将各种混合式教学理念、方法和技术等融合起来，从而使英语课堂得到更好的教学效果，并最终达成英语核心素养的培养目标。

最后，师生关系也变得更加密切。师生之间关于教学方面的交流和互动不仅能够加深学生对知识的理解，促使学生对遇到的问题进行反思，还能够使学生对课堂内容的记忆更加深刻，这无疑有利于学生对相关知识点的进一步掌握。

3. 推进英语课堂混合式教学模式的多元化发展

混合式教学模式在英语课堂中的应用使传统课堂发生了巨大的变化，并且课堂教学的所有环节都更加多元化、更加具有开放性，从而推动了英语课堂创新性的发展。

从教学资源方面来看，混合式教学模式能够对新媒体以及互联网中优良的英语教学资源进行汇总和分享，从而丰富学生的英语学习资源。有了这些资源的支撑，学生就能够增加自己的知识储备，并进一步提升自己的能力。

从教学手段方面来看，混合式教学模式所使用的教学方法和技术并不是单一的，这对教师提出了更高的要求。教师应该根据英语课堂的具体需求灵活使用各种教学方法和手段，从而有效解决课堂中出现的各种问题。

综上可知，英语课堂混合式教学模式在互联网信息技术的基础上，更加多元和开放，课堂教学的所有环节都更加完善，从而提高了英语教学的质量和效率。

（二）混合式教学与英语教学融合的必要性

随着我国教育改革的深入，我国英语教学也逐步走上了创新与改革之路。即便如此，我们也不可否认英语教学中仍存在着诸多问题。网络以及多媒体内容极大地丰富了教学资源，并且拓宽了师生之间的沟通渠道，但与此同时，那些交互性、传播性极强的光盘课件以及网络课程等也对传统教学模式造成了一定程度的冲击。需要注意的是，如果缺乏教师的监督、指导和帮助，那么学生通过网络进行学习也不能取得理想的效果。

第一，在传统教学模式下，英语教学课堂更多是向学生讲解和传授教材的内容。这种僵化的教学模式无法真正使学生的能力得到提高，学生始终处于被动地位。在这种教学模式下，学生无法形成良好的创造性思维能力，并且学生的主观能动性也得不到发挥。

第二，当前的英语教学不重视培养学生的英语应用能力。在传统教学模式下，学生对英语的学习更多是对英语单词或句子等进行记忆，而无法做到真正的学以致用，因此，学生很难体会到获得知识的愉悦之感。在英语教学中如果忽视了对学生英语应用能力的培养，就会逐渐让学生失去学习英语的兴趣和信心，让他们觉得英语课程毫无乐趣可言。当前学生仍旧要面对很多考试，在诸多考试的压力之下，很多英语教师在英语课堂上更加注重对知识、单词、语法等的传授，并且将掌握这些考点作为学生的学习目标，这就使得学生对英语的应用实践能力得不到提升，学生的听力能力、口语能力都较差。

通过以上内容可知，传统教学模式在某种程度上阻碍了英语教学课堂质量的提升，阻碍了学生英语成绩的进一步提高，让英语教学举步维艰。教师改革传统教学方法，将混合式学习模式融入传统教学模式中，并在现代教育技术的基础上形成能够充分发挥学生主动性的英语教学新模式，是当前教师工作的重心所在。

（三）信息化背景下英语混合式教学的改进策略

1. 英语教学内容的创新与优化

在设计富有吸引力且能激发学生兴趣的课程时，我们需要关注一个重要事实：打破传统教学内容往往能在学生心中占据显著地位，给他们带来深刻印象。实际上，有些学生对现有教材内容表示不满，教师在运用这些教材时也可能感到某种程度的不足。若让学生接触教材之外的领域，他们的学习热情和理解程度都将得到显著提升。

有趣且吸引学生的课程首先应基于学生所处的环境与生活，或者说，学生所学课程的知识应具有一定的实用性。英语教学中呈现的知识也必须具有其校园价值和生活价值。因此，教师有必要为学生创设一些灵活的变式内容，真正做到学生“愿意学、有所学”。

学生对当前的混合式学习内容表现出诸多的不满。从一定意义上讲，对当前教学内容的优化可通过在线学习平台、寻找合适的网络资源等形式进行，在培养学生人文素养的同时，也可以尝试与专业英语教学融合，提升学生对专业英语知识的掌握程度。以专业英语教学为例。

第一，教师可以根据自己所任教的班级专业，从国内外权威英文报刊选取合适的专业阅读文本，作为课堂教学的延伸和拓展。例如，美国的《科学杂志》《经济学家》等报刊涵盖了最前沿的科技文章，综述和分析基于报刊阅读的学科动态有助于学生了解本学科领域内的前沿知识，拓宽学生的专业视野，同时提高英语学习的兴趣。

第二，教师在设计具体的英语读写译内容时，可从网络渠道寻找学生感兴趣的内容或前沿的专业内容作为资料，先训练学生的基础词汇解读能力，再逐渐过渡到话语分析、语法形式、体裁分析等较高要求的操练。

当前的英语教师仍不可能也无法做到完全脱离教材进行教学。基于教材的通用英语教学作为当前混合式教学模式中线上教学的主要内容，有必要进行某种程度的改进。很多学生认为，当前的教学视频缺乏创新和趣味性，基本以词汇和语法讲解为主。因此，教师在制作视频时，不妨以单元文章的语篇分析为切入点，分析教材文本中的语言偏离现象，提高学生对语言的敏感度和兴趣度。在视频制作时，教师可引入时事热点解析、报刊解读、名人名言的赏析等。关于在线作业，教师可忽略阅读等应试性强的版块，增加字谜题、闯关题等多样化的作业形式。教师也可以考虑从学生出发，让学生制作基于教材的学习视频，再上传至网络教学平台，通过与同学、教师的互动，创建各种形式的教学内容。

2. 英语教学资源与平台的多元化建设

混合式教学资源与平台建设可有效促进线上与线下学习的融合。然而，目前很多院校没有专门的混合式学习平台，只是在数字化资源的基础上改造而成的，这使得线上课程与线下课程资源的整合缺乏全方位的技术支撑，导致了教学效果不佳。当然，很多学校会使用适用性较强的专门网络课程平台，如 Moodle、Blackboard、泛雅等，这种专门的混合式学习课程平台能最大限度地实现现有资源的有效使用。随着科技的更新与发展，学习平台的搭建与应用也逐渐呈现多样化的趋势。例如，利用微博平台使用混合式的方式对英语专业学生进行授课，使用 Windows Live 群对学生的学习进行研究，基于移动平台进行混合式学习系统设计等。近年来，基于微信公共平台的混合式学习研究也逐渐受到关注。这些新型的学习平台为学生创设了新型的混合式学习环境，使得学生的混合式学习更加灵活、多样化、生活化。

学生对当前的学习管理系统仍有很多的质疑。因此，为保证混合式教学的质量，有必要为学生提供一个多元的混合式学习平台，克服已有学习平台的不足。多元化的混合式学习平台应根据学生的学习进度和特点，实现灵活的同步和异步学习。教师和学生也可自主开发异步学习的方式，如使用自建在线平台、微信、微博等互动性较强的在线辅助教学手段。

目前，学生在使用已有网络教学平台进行学习时，仍有不少问题，也就是说，学生对平台并未留下深刻印象。因此，创建符合学生需求和特点的平台可加强学生对平台的信任度和使用度。

3. 英语混合式教学策略的调整与优化

英语是学生的必修课，且英语教学质量的好坏会直接影响国际化人才的培养。为了适应社会发展和高等教育国际化的需要，我们需要适时地调整教学目标，改革教学内容与方法，针对不同学生的学习心理和特点制定、调整、优化相应的教学策略，具体可从以下方面进行尝试。

（1）基于国家政策和需求的教学探究策略

在信息化时代背景下，教师的角色至关重要，其对国家政策及需求的准确理解直接关系到学生全面发展的方方面面。作为从事外语教育的专业人士，教师应在国际化大背景下敏锐地捕捉各类有效政策信息，从而灵活调整教学目标和方向。

当前，国家大力倡导以学生专业、学术能力培养为目标的英语教学模式。学生对当前混合式教学内容的负面情绪也正说明了在当前混合式教学中植入能激发学习兴趣的教学内容十分重要。教师需选择合适的教学文本进行信息化教学设计。例如，教师在线下教学中可适当选取新闻媒体文本，如政治人物的答记者问、外交辞令、美国总统的就职演说等。因此，教师在视频的制作中，可将四、六级的讲解更替为新闻文本的解读。总之，对教学策略的优化首先是让教师学会了解国家政策，结合教学实际和学生需求，勇于探索最有利于学生学习的教学模式。当然，这对教师素质也提出了较高要求，即教师需具备将最新的教学发展动态迁移至已有课堂教学中的能力。总之，主动关注、善于挖掘、勇于探索是教师优化混合式教学策略的前提。

（2）教学手段创新策略

当前混合式教学模式广受学生欢迎，但其学习效果并不理想，特别是对基础薄弱的学生而言。现有的线上教学模式主要以教师制作教学视频为主，无法满足学生的学习需求。因此，我们应积极鼓励学生根据自身特点和兴趣来制作适合他们学习的英语视频，特别是与专业相结合的微视频，这是突破当前教学瓶颈的关键途径。通过这种方式，学生可以获取本学科的相关信息，提高学习成绩与沟通能力。

（3）注重教学策略的真实性

真实教学关注的是在课外真实生活中知识、思维和技能的展现。因此，教师需在混合式教学过程中增强学生对语言的敏感性。通常情况下，学生在看完视频后，基本不会将视频内容用于他们的英语学习中。这表明，学生对语言的敏感度还是很低，或者说文本对学生的震撼力还不强。教师可通过人机互动的方式实现文本的交际功能。比如，在当前混合式教学模式下，教学视频中可设置一些与学生互动的练习，加强学生对语言的习得。此外，教师可针对视频中的重点语言点和结构，通过操练、模仿等形式帮助学生加强印象。

第三节　英语体验式教学模式

一、体验式教学概述

（一）体验式学习与体验式教学

学科学习可以分为左脑式学习和右脑式学习，前者更加侧重于理论和知识的学习，侧重于背诵，如传统的学校教育就是教师直接教授前人总结的各种知识；后者更加侧重于实践，如体验式学习、体验式教学，要求学生切身实践，在体验中获得知识。体验式学习指的是，学生自己参与到实践活动中，形成认知，获得体验以及感悟，属于“做中学”，在实践中学会知识和技能。体验式学习侧重于以学生为主体、以体验和实践为教学过程，教师需为学生创造新的学习情境，学生需借助过去学会的知识、技能、经验等，感受和认知新的学习情境，在亲身体验的过程中学会新的知识。其中，模拟现实的或者真实的情景十分重要，必须使学生积极、全面、深入地参与到人际活动之中，在体验和实践的过程中形成体会和认知，并和同学相互交流和讨论，在反思和总结中积累经验，获得知识和技能，并将其用于实践。体验式学习可以对培养学生健康的心理素质和积极进取的人生态度、增强团结合作的团队意识起到积极的作用。

在英语学习中，关注学生学习的动机，使其在心理和情感上获得真实的体验，这就是体验式学习。在体验式学习中，扩大积极情感的作用范围可以使教学和学习效果更好。教育应当充分发展学生的心灵，让学生在开放和个性化的情境中深切地体悟自己的潜能和周围的世界，并将自己的潜力通过多种体验渠道施展出来。

体验式学习需要教师设计一定的教学情境来对教学内容进行呈现和还原，这种教学情境的设计要以学生的认知特点为依据。体验式学习重视学生获得知识的过程，将教学的人文性充分地体现了出来。在体验的过程中，学生不仅可以对自身知识进行建构，还可以提高能力、丰富情感，实现有意义的学习。体验式学习过程重视对知识的反思和对经验的总结，它不是学生获取知识的简单过程，而是具有实践性和思考性的复杂过程。

大卫·库伯（David Kolb）是美国著名的体验式学习大师，他认为体验学习是一个循环的模式，主要包含以下四个阶段，如图 4-3-1 所示。其中具体的体验是第一阶段。

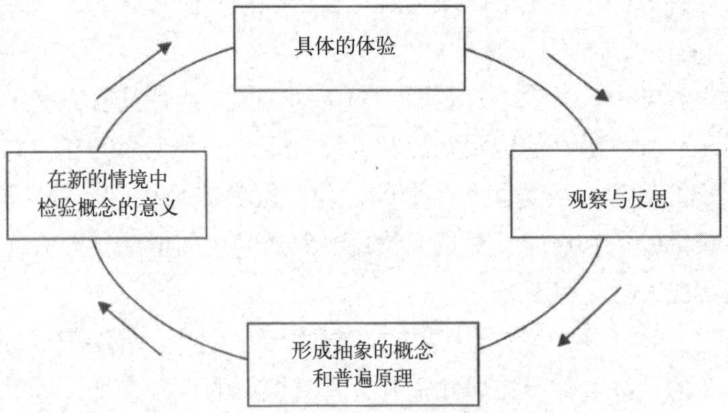

图 4-3-1　大卫·库伯的体验学习循环模式

虽然体验式学习和体验式教学都强调体验和实践、关注学生的发展，但二者的视角不同。体验式学习是从学生视角出发，主要研究学习活动；而体验式教学则是从教师视角出发，主要研究教学活动。不过，两者的最终目标都是实现学生的自主发展。

体验式教学源自体验式学习。体验式教学是指教师在教学活动中，基于学生的身心发展和认知的客观规律，为学生创造多样化的教育情境。这可以激发学生的学习主动性和积极性，使他们主动地、自主地、创造性地体验教育情境。在体验过程中，学生可以逐渐学会克服和转化负面的心理感受和错误的认知，形成和发展正面的心理感受和正确的认知，感受到学习的乐趣，进而推动学生的自主发展。

体验式教学是教师设计和组织精彩的活动供学生参与和体验。通过引导学生形成和深入分析自身体验，他们可以不断积累正面体验，提高洞察能力。这种教学方式使学生能够洞察事物的实质或内涵，改善和发展学生的心智。

体验式教学以实践为途径获得认知，以亲身体验为方式形成对教学内容的理解和感悟。它是一种以实践为基础的教学模式，强调学生在亲身体验中认知语言原则并将其应用于交际。

体验式教学要求创造良好的学习环境，使学生能够充分地、自主地体验。教师需要创设活跃的、富于创造性的认知情境，营造民主、自由、和谐的学习氛围。同时，鼓励学生积极利用已有的知识和经验，探索和获得新的知识，实现知识的处理和转换，最终完善知识结构。

体验式教学是一种以学生为中心、以任务为基础的教学方法。这种教学模式要求教师以一定的理论为指导，让学生亲身去感知、领悟知识，并在实践中得到证实。通过这种方式，学生可以成为真正自由独立、知情合一、实践创新的“完整的人”。

在体验式教学中，学生不仅是简单的认知主体，而是具有完整生命意义和情感的人。因此，教学不仅是传授知识的过程，还是一种生命的存在方式。教学过程不仅是认识的过程，还是体验生命的过程。教学的最终目标是发展人的心智。除了使学生获得知识和技能，更重要的是要发展学生的情感、价值观念甚至道德信念，从而实现人的全面发展。

总而言之，体验式教学的落脚点不在于知识和技能，而在于人的生命发展。它强调对生命的最终关怀、拓展和提升，具有深厚的生命意义。体验式教学以知识、认知的发展为表面现象，以生命意义的拓展为深层内涵。在英语教学中运用体验式教学法指的是为学生创造真实的英语环境，使学生在各种活动中亲身体验和实践。

（二）体验式教学的特征

1. 要求个体参与

体验式教学强调个体的参与性，强调学生要在学习中获得情感体验。体验式教学的重要特征是积极情感体验的产生，这是由体验式教学的主题决定的，即做中学、乐中学。教师在设计教学情境时要遵循多样性原则和丰富性原则，激发学生的学习兴趣，使学生在学习中体验到快乐。

2. 侧重真实情境

体验式教学提倡在真实情境中进行教学活动，学生可以通过这种真实情境对自身的角色进行感知，从而获得相关的语言知识。

3. 注重学习者对经验的获得与积累

体验式教学会在学习者的视线中引入需要熟悉的场景。学生通过反复模拟场景，产生一定的生活与交际经验，并逐渐积累。这种积累不是枯燥、乏味的，而是带有趣味性的，可以激发学生的积极性和主动性。

（三）体验式教学的理论基础

1. 生命哲学的观点

生命哲学在19世纪末20世纪初流行于德、法等国，成为20世纪的哲学流派。它试图用生命的发生和发展解释宇宙。它是在叔本华（Schopenhauer）的生存意志论和尼采（Nietzsche）的权力意志论、达尔文（Darwin）的生物进化论和斯宾塞（Spencer）的生命进化学说，以及法国居约（Guyan）的生命道德学说的影响下形成的。

生命哲学家不满意黑格尔（Hegel）所主张的严酷的理性，不满意自然主义或唯物主义所依据的因果决定论，他们认为这些思想是对个性、人格和自由的否定。他们要从“生命”出发去讲宇宙人生，用意志、情感和所谓“实践”或“活动”充实理性的作用。他们声明自己并不反对自然科学和理性，只说这些经验或知识不完全，必须提高意志、情感的地位，这样才能穷尽“生命”的本质。生命哲学代表人物柏格森（Bergson）指出，科学或理智的认识只能认识物质世界，认识假象，获得暂时的、相对真理，而不能得到生命（精神）的、永恒的绝对真理或世界的本质。

2. 知情合一的观点

知情合一是由美国当代著名的人本主义心理学家和教育改革家卡尔·罗杰斯（Carl Rogers）提出的。作为兴盛于20世纪60年代的人本主义心理学，其领袖人物之一罗杰斯同其他人本主义心理学家一样非常重视个体内在的情感因素。他指出：“人天生具有优秀的素质或潜能，而潜能的实现作为人类的本能需求，必然要求人性的自由运行，必然要求一种真实、信任、理解的人际关系。在这种关系中，人的情感和情绪能自发地表现出来。”① 他认为认知和情感是浑然一体、密不可分的。人是作为一个整体进行创造性活动的，而这种整体首先表现为知情合一。其中的认知因素以学习风格和学习策略为核心，情感因素以成就动机和学习意愿为核心。

在罗杰斯之后，不少学者对英语学习、认知因素和情感因素三者之间的关系进行了调查分析，并得出了以下结论：第一，认知因素和情感因素共同影响着英语学习；第二，学习意愿、成就动机、学习风格与英语成绩之间具有显著性相关关系，而学习策略与英语成绩之间的相关不显著；第三，学习风格作为中介变量对学生的英语学习有着重要的影响；第四，学习意愿与成就动机通过学习风格间接地作用于英语学习的效果。

知情合一的观点认为，人们的认知与情感是生命中的统一体，两者不可分割。人们在认识世界的同时产生情感，在情感产生后对世界进行重新认识。人们不能单纯追求知识的学习和对世界符号式的认识，每个人把自己经过长期社会实践积累的、稳定的情感融入认知中，就会产生具有个性的心智，产生意愿、动机、态度、信念等心理变化和目标、责任等精神寄托。一个“完整人”的标准是身心健康、具有敏锐的理性思维和丰富的内心情感、成就感与责任感高度整合。因此，我们既要注重认知因素，又要注重情感因素。

3. 体验学习理论的观点

1984年，大卫·库伯在总结美国实用主义哲学家约翰·杜威（John Dewey）、美国心理学家库尔特·勒温（Kurt Lewin）和瑞士心理学家皮亚杰（Piaget）经验学习模式的基础上，出版了《体验学习：让体验成为学习和发展的源泉》一书，完整地提出了体验学习理论。他从哲学、心理学、生理学等不同学科的角度详细地阐述了体验学习及其方式。

他认为学习应该是一个体验的过程，而不是简单的结果。这个体验过程有四个环节，分别是具体体验、反思观察、抽象概括和行动应用，这是一个贯穿整个学习经历的、在体验中认知的循环过程。这个循环过程被称为“体验学习圈”，它是一个“螺旋上升的过程”。

在这个体验学习的过程中，学习者首先带着已有的经验进入学习情境或参与到实践之中，通过人与环境的交互，产生感觉和感受；接着对获得的感觉与感受进行反思，通过交流、学习等方式，对感觉、感受做进一步的理性思考与评价；

① 邝增乾．大学英语教学的情感因素研究[M]．长春：吉林人民出版社，2020.

然后对反思观察的结果进行归纳总结，对一般性规律给予抽象和概括的假设或结论，并进行详细解释；接下来将抽象概括的假设或结论在实践中加以验证，确定它的正确性和合理性；最后，在实际工作中运用得出的正确结论，通过新的体验再去发现问题和解决问题。在这个学习循环过程中，学习是一个知识创造的过程，库伯援引杜威的话说，先前人类文化经验的客观积累构成了社会知识，而个人主观经验的积累构成了个体知识，实现社会知识与个体知识之间的转换并把学习定义为“体验的转换并创造知识的过程”是体验学习的关键。

“体验学习圈”要求学习者参与体验、反思、思维和行动这一整个流程，并对学习情境和学习要求作出相应的回应。因此，体验学习理论把学习看作是对情感、知觉、符号和行为的整合，是对知、情、意、行的统一，同时还把学习看成一个开放的系统，是学习者内部经验与外部环境不断交换的结果。

4. 建构主义学习理论

皮亚杰是瑞士著名的儿童心理学家和发生认识论创始人，他提出的建构主义学习理论源自对儿童认知、智力、思维的发展和结构的研究。

皮亚杰认为，“学习是建构内部心理表征的过程，学习者并不是把知识从外部搬到记忆中，而是以已有的经验为基础，通过与外部环境的相互作用来建构新的图式。”[①] 他强调说，学习的结果不只是知道对某种特定刺激做出某种特定反应，而是头脑中认知图式的重建。决定学习的因素既不是外部因素（如来自物理环境和社会环境的刺激），也不是内部因素（如个体的生理成熟度），而是个体与环境的交互作用。

对于学习的含义，建构主义认为，知识不是通过教师传授得到的，而是学习者在一定的情境即社会文化背景下，借助其他人（包括教师和学习伙伴）的帮助，利用必要的学习资料，通过意义建构的方式而获得的。因此建构主义学习理论认为，“情境”“协作”“对话”和“意义建构”是学习环境中的四大要素或四大属性。学习环境中的情境必须有利于学生对所学内容的意义建构。这就对教学设计提出了新的要求，即在建构主义学习环境下，教学设计不仅要考虑教学目标分析，还要考虑有利于学生建构意义的情境创设。协作发生在学习过程的始终。协作对学习资料的收集与分析、假设的提出与验证、学习结果的评价直至意义的最终建构均有重要作用。对话是协作过程中不可缺少的环节。学习小组成员之间必须通

① 张斌彬，李晓雷，王晶．体验式教学：高校户外运动教学与实践研究[M]. 北京：应急管理出版社，2019.

过对话商讨如何完成规定的学习任务；每个学习者的思维成果（智慧）通过对话共享给整个学习群体。意义建构是整个学习过程的最终目标。所谓建构的“意义”是指事物的性质、规律以及事物之间的内在联系。在学习过程中帮助学生建构意义就是要帮助学生对当前学习内容所反映的事物的性质、规律以及该事物与其他事物之间的内在联系达到较深刻的理解。

通过对哲学理论基础的把握，教师可以认识到开展体验式教学对学生生命发展的价值；通过对心理学和建构学习观理论的梳理，教师可以认识体验产生的心理机制，并得到学生掌握知识的有效方法，为教师科学设计、有效实施体验式教学提供了依据。

二、英语体验式教学模式的特征

（一）以学生作为教学主体的交际教学

以往的英语教学将学生视为被动的知识接受者，将教师视为主体和中心，侧重于教师的教，往往采取满堂灌的方式，知识从教师流向学生，师生之间只有单向灌输，没有双向互动，教学模式僵硬、机械，学生的积极性和自主性没有得到激发，只是背诵和记忆知识，难以实现英语应用能力的发展。不同于此，体验式英语教学将学生视为主体，以学生为中心设计、组织和实施所有的教学活动。其强调学生是教学的重心，并且强调认识并尊重学生的个性和差异，强调实践性，要求创造真实的交际情境，组织多种实践活动，引导学生在交际活动中理解和内化所学的知识，并发展英语应用能力。其以交际教学为原则，要求在课堂教学中设置大量的英语应用环节，训练和发展学生的英语应用能力，激发学生的学习积极性和能动性，使之全神贯注于课堂教学的过程，积极回答和提出问题。教师则需转变自身角色，做一个辅助者、引导者、信息输出者、信息反馈接收者。以此，实现传统教学模式和体验式教学模式的转变，使学生实现知识建构。

（二）创设真实情境，强化主客体互动

体验式教学中，英语教师需精心设计教学的大纲和目标，并且设计和创造贴近现实的教学情境，使学生在具有真实性的英语交际情境中开展交际活动，从而实现语言训练。这样，作为主体的学生会与作为客体的语言情境进行深层次的互动，也就是体验，从而构建新的知识，并且将新知识应用于新的情境，再次进行主体和客体的深入互动，在这种循环中，最终成功构建英语知识。在上述英语体

验式教学的循环中，最关键的就是设计和创造贴近现实的交际情境，供学生亲身体验，这一环节直接决定了体验式教学的成果，这是学生训练和发展英语实际应用能力的关键。

（三）教师成为情境设计者、学习指导者和促进者

体验式教学不同于传统教学的一个显著特点就在于教师角色的改变。体验式教学强调激发学生的积极性、发挥其自主能动性，强调学生亲身体验和实践，但这并不意味着教师角色的弱化。相反，教师仍旧发挥着重要作用，其作为情境设计者、学习的指导者和促进者，引导和辅助学生学习。教师需在教学前细致、全面、深入地分析和解读教学的大纲、目标和知识点，并且结合学生特点，设计教学情境，选择合适的、多样化的教学材料，包括图片、视频、音频等。在实际的课堂教学中，教师还要通过多种方法调动学生的积极性，使之积极参与教学互动，同时控制课堂进度，使学生保持积极正面的学习情绪，引导其深入体验和实践。课后，教师需对教学过程中的问题和优点进行总结，并分析和掌握学生的课上学习情况，以便进行下一堂课的教学情境设计。

（四）强调学生的独立自主性

体验式教学中融入了自主学习理论，这一理论强调学生进行独立自主的、个性化的学习。所谓自主学习指的就是学生根据自身学习需求和动机，以及兴趣爱好等，选择学习的内容和方式，独立达成学习目标。体验式英语教学重视学生的自主学习，学生作为学习主体，会积极体验和参与课上的英语交际活动，在正面的英语环境中，根据自身学习目的和学习情况，独立自主地体验和实践，从而成功构建英语知识。总而言之，英语的体验式教学注重学生的独立自主学习，从而促进学生的全面发展，这是其区别于传统英语教学模式的一个重要特点。

（五）多样化的、开放性的评价模式

以往的英语教学多以纸卷考试、测试等为评价方式，虽然比较客观，但是不够全面，难以考查学生的口语能力，难以评价学生的英语应用能力。这会导致学生在学习中采取死记硬背的方法，忽视英语的语言技能发展，难以充分发挥评价的作用。相比之下，体验式教学更加侧重于体验和实践，其教学模式也更加多元和开放，重视形成性评价、诊断性评价，一方面关注学生对知识的掌握，另一方面还关注学生的成长和进步、参与课堂活动的程度、团队协作的情况和英语应用的能力等。体验式教学不仅采取教师评价方法，还会采取学生自评、互评和小组评价的方法。这种多样化、开放性的评价模式使得体验式教学能够充分、全面地发挥评价的作用，提升学生的积极性，改进学习效果。

三、信息化背景下英语体验式教学模式的开展方式

通过不同的文本信息、音频对话等方式，基于信息技术的英语体验式教学可以促进教师与学生的交流，使学生的学习体验更加丰富。具体而言，信息化背景下英语体验式教学模式的开展方式如下。

（一）开展网络游戏化教学

游戏具有自主性、挑战性和悬疑性，借鉴这一理念，网络游戏化教学是指在游戏关卡中隐藏英语教学的目标。学生在年龄和学习情况等方面都存在着差异，以此为依据，教师可以在网络游戏化教学中选择恰当的游戏化教学策略，使学生处于一个轻松、愉快的氛围中，从而更容易地掌握英语知识、提升英语技能。

（二）进行实时交互与协作

随着信息技术的发展，其便利性日益显露。在信息技术环境中，师生之间可以进行实时交互与协作。例如，学生可以将自己在学习中的感受和心得发布到网络平台上，或在网络平台上对他人的学习经验进行借鉴。依据学生的反馈信息，教师可以对学生在学习中的难点和体验点进行掌握，使教师的指导更具有针对性，从而帮助学生更好地掌握知识和技能。

信息技术平台不受时间和空间的限制，学生在信息技术平台的沟通更加方便、及时，学生可以借助信息技术平台组成学习小组，实现分工合作。信息技术平台包含了微信、微博等多种实时交互平台。

（三）创建个性化的学习环境

基于信息技术的英语体验式教学方式重视学生个性特点的发挥，使学生一边学习一边成长。信息技术资源的运用为学生带来了个性化的学习体验。受条件限制，传统的英语课堂教学无法使每位学生的个体需求都得到满足，造成了教学的硬性统一。如同世界上没有两片相同的叶子一样，世界上也没有完全相同的两个人，学生之间存在着个体差异，在教学中教师要根据学生的实际情况为其提供恰当的学习资源。在信息技术环境下，教师可以设计丰富的教学活动以提供给学生个性化的学习体验，让学生主动参与到教学中，并结合自身的兴趣进行学习。

第五章　信息化环境下的英语教学策略优化

本章主要内容是信息化环境下的英语教学策略优化，具体从四个方面进行介绍，分别是信息化环境下的英语词汇和语法教学策略、信息化环境下的英语听说教学策略、信息化环境下的英语阅读教学策略、信息化环境下的英语写作教学策略。

第一节　信息化环境下的英语词汇和语法教学策略

英语综合语言知识包含基础知识和基本技能两大方面。词汇与语法是基础知识教学的核心和重要组成部分，也是英语教学中很难理解和把握的项目。没有词汇，人们无法表达任何东西；没有语法，人们无法进行表达。也就是说，词汇与语法掌握不好，就必然会影响学生语言能力的提升。因此，词汇和语法是英语教学的主要组成部分。但是，受各种因素的影响，英语词汇和语法教学存在诸多的问题，这些问题阻碍着英语词汇和语法教学的发展，也影响着教学质量和学生英语水平的提高。在信息化背景下，英语词汇和语法教学要不断进行改革，以使教学更加有效。

一、英语词汇的信息化教学

词汇是构成语言整体的重要细胞，是语言系统赖以存在的支柱，如果把语言结构比作语言的骨架，那么是词汇为语言提供了重要的器官和血肉。英国著名语言学家威尔金斯（Wilkins）指出："没有语法很多东西无法传递，没有词汇任何东西无法传递。"[①] 可见，英语学习的关键在词汇学习。但现在英语词汇教学的现状并不佳，学生对词汇的掌握和运用情况并不理想，因此随着英语教学改革的推进，必须对英语词汇教学进行改革。

① 节娟娟．中国传统文化与大学英语教学的融合与渗透研究[M]．北京：中国大地出版社，2019．

（一）英语词汇教学的内容

词汇是学生在学习英语时非常难突破的一个环节。英语词汇数量巨大，而且十分活跃，其读音和拼写与母语文字差异较大，一词多义的现象更是十分普遍，这就给学生带来了很大困难。因此，教师指导学生学习、掌握英语单词，加强对学过单词的巩固和运用是英语教学的重要内容。英语词汇教学的内容通常根据词汇本身所涉及的内容而定，其基本包含四个方面。

1. 词汇的意义

词汇的意义是英语词汇教学中教师首先要让学生掌握的内容。但因汉语与英语之间的差异，一些词汇的内涵与外延在两种语言中也不尽相同。词汇意义的理解与语境有着密切关系，语境不同，词汇的含义也会有所差异。例如：

a treacherous friend，背信弃义的朋友；

a treacherous stone，石头不稳；

a sharp push，猛地一推；

a sharp knife，锋利的小刀；

work on a novel，写小说；

work on the house，建（修／粉刷）房子；

work on a branch of a tree，削树枝。

因此，教师应采用不同的教学方式让学生了解不同语境下词汇的不同含义，从而让学生有效掌握词汇。

2. 词汇的用法

词汇的用法也是英语词汇教学的重要内容。词汇的用法包括词汇的搭配、短语、习语、风格、语域等。例如，我们通常都会用 hot 形容热，这是在书面语中的用法，但在口语中就会有不一样的意思，如我们说“That is a hot guy”，在这里 hot 是形容一个人身材或长相很吸引人。

其中，词汇搭配在英语学习中十分重要，因此也是英语词汇教学的重要内容。在具体的语境中，一个词往往要求和某些特定的词汇搭配。例如，allow、permit、consider、suggest 等这类动词后不能接不定式，只能接动名词。此外，有些词组是固定搭配，不能混用。例如，out of question 的意思是“没问题”，out of the question 的意思是“不可能”，二者结构相似，意义却大相径庭。

3. 词汇的信息

词汇的信息也是英语词汇教学的重要内容，具体包括词性、词缀、词的拼写和发音以及构词法等。

此外，因英语属于一种拼音文字，故英语单词的读音和拼写就成了学习的重点。对此，在具体的教学过程中，教师应让学生认真总结单词里的每个字母的读音规律，将单词的拼写形式与其读音联系在一起，并建立一种对应关系，以使学生掌握英语词汇的读音和拼写两个基本要素。

4. 词汇的语法特点

词汇的语法特点又称“词法”，主要包括名词的可数与不可数、动词的及物与不及物、及物动词的句法结构等，它们也是英语词汇课堂教学的重要内容。具体来讲，词汇的语法就是要解决诸如动词接什么样的宾语、是接不定式还是动名词、是从句还是复合宾语、如何安排副词短语的位置等问题。

（二）英语词汇信息化教学的实践策略

在信息化时代背景下，英语教师应结合现代化教学手段，灵活采用有效的方法来开展英语词汇教学，从而促进英语词汇教学的改革与发展。

1. 拓宽词汇输入渠道

在网络化时代背景下的词汇教学中，教师应该让学生输入足量的语言信息，以便于学生利用其开展各种交际活动。换言之，教师应当充分利用网络资源创造全面的、真实的语言环境。基于“语义场”观点，学生能够扩大语义网进而丰富词汇量。此外，学生能够借助各种英语学习 App 和网站，记忆和练习词汇，并进行填空、阅读理解等练习，进而丰富词汇量。

同时，如今很多英语教材和学习资料都有配套的光盘或者二维码，学生可以通过这些获得音视频讲解，进而深化和巩固词汇知识。学生还能够使用在线字典查阅不认识的词汇，通过百度等进行搜索，解决疑难问题，理解词汇背后的文化含义。

知识输入时，教师应当重视学生的学习进度，关注学生对词汇知识的理解和掌握的情况，不仅要关注其是否正确记忆词汇，还要关注其是否理解词汇的情感色彩、文化内涵和实际应用等内容。网络教学方法和环境能够为教师这部分工作提供极大的帮助。例如，教师教学生辨别近义词时，可以将这些词汇的区别、读音、用法和例句等制作成表格发送给学生。举例说明，在学习 abolish、cancel、repeal 这三个近义词时，教师可以将相关词语的不同点和不同用法使用公式和图表的形式呈现给学生：abolish 为正式用词，指彻底废除某种制度、规章或习俗；cancel 的用法广泛，多指取消债务、合同、证书、比赛、旅行、计划或约会等；repeal 为书面用词，指撤销立法机关通过的协议、法案或法律等。之后，通过文本和声音将大量例句输入给学生。这样学生可以在短时间内获取有效信息，扩大自身的词汇量。

2. 创设情境

英语词汇教学的最终目的是交际，但是我国学生处于汉语的语境学习之中，为了更好地让其理解并运用英语词汇，需要结合具体的情境进行教学。创设情境是指教师通过语言、教学设备等工具为学生创设一个真实的，集听、说、看等多种感官于一体的语言环境，让学生真正地接触到真实的英语情境，给学生提供使用英语的机会。这样才能让学生深刻地掌握词汇的含义、用法并避免忘记，不断地提高词汇的学习效率。

(1) 课堂情境

在课堂教学中，教师可使用图片、实物、教具等材料创设一定的课堂情境，让学生有身临其境之感。例如，在教授天气变化词汇时，教师可以借助多媒体设备进行词汇教学，通过多媒体技术将各种天气变化词汇以多媒体图片、声音或者视频等形式让学生亲身感受不同的天气所对应的单词，这样词汇与情境相结合的教学方法有利于加深学生对词汇的印象，使其更充分地理解该词汇的含义。

(2) 生活情境

在词汇教学中，教师可以根据学生的生活阅历创设一定的生活情境来更好地进行词汇教学。教师可以通过信息化教学设备和教学工具布置各种商店、水果店、书店、文具店、蛋糕店、礼品店等，使学生将所学的词汇用于这些生活情境中，让他们使用简单的句式进行词汇练习。通过生活情境的练习，学生在学习词汇时就会注重词汇的实际应用，而不再仅仅以单词的记忆为主。

(3) 表演情境

当学生积累一定的词汇之后，为了让学生更深入地理解词汇的应用，教师可以为学生创设一定的表演情境，促使学生将所学词汇以表演的形式呈现出来。常用的表演形式有对话表演、歌曲表演、话剧表演等。信息化的情境设置能给学生提供真实的表演情境，提高学生对表演学习的兴趣，并加强学生对本节所学内容的记忆。利用信息化技术创设表演情境进行词汇教学不仅有利于激发学生词汇学习的兴趣，还有利于提高学生词汇运用的能力。

3. 开展文化教学

文化对英语词汇教学也有着重要的影响，因此在英语词汇教学中，教师可以借助网络渠道选择蕴含英语文化的相关资料作为教学素材，或者通过观看英美电视剧、电影片段，观看真实的英语演讲等方式来进行英语文化教学，在词汇教学中融入文化内容，以丰富学生的文化知识，并提高学生掌握单词的效率，进而提高学生的跨文化交际能力。

（1）直接法

直接法就是在教师进行词汇教学时，根据教材内容有意识地介绍一些文化背景知识以及文化内涵词，这是词汇教学中最常用的一种文化导入方法。例如，当教师在讲解关于《神话与传说》的课文时，教师可以通过网络渠道或者多媒体教学设备让学生了解一些古希腊、古罗马的神话故事，然后再引入故事中的词汇，如 Trojan horse（特洛伊木马）、Achilles' heel（致命的弱点）等。为了使学生更加直观、深刻地了解和记忆词汇的文化含义，教师可以借助多媒体手段，使学生对文章的文化背景有一个清晰的了解，从而让学生更好地掌握所学词汇。

（2）文化对比法

中西文化间的差异在词汇上有着显著的体现，因此教师在教授在英汉文化中有着明显差异的词汇时，应将词汇教学与文化教学结合起来，通过文化对比让学生深刻地认识英汉词汇文化内涵的异同。例如，教师在教授 lotus（莲）这一单词时，就可以通过文化对比的方式让学生来掌握这一单词：在汉语文化中，“莲”是“正直、高雅”的象征；而在英语文化中，lotus 却与懒散有关，如 a lotus life（懒散、悠闲和无忧无虑的生活）。词汇教学通常是比较枯燥的，借助信息技术或者多媒体教学设备能增加词汇教学的生动性，并且在丰富学生文化知识的同时，也能牢固掌握词汇。

二、英语语法的信息化教学

语言的学习时刻都受语法规则的影响和支配，语法学习贯穿于语言学习的始终，因此英语语法教学是英语教学的重要课题之一。但在现在的英语教学中，教师和学生往往会忽视语法教学的重要性，认为语法只是初中与高中学习的重点，到大学阶段就应将教学的重点放在其他方面。这种理念导致大学英语语法教学相较于其他教学明显落后很多，实际上任何知识与技能的教学都离不开语法，无论哪个阶段的英语教学也不应忽视语法教学，而应更新教学理念，采用新颖的教学方法，不断对英语语法教学进行改革与创新。

（一）英语语法教学的内容

1. 词法和句法

在任何阶段词法和句法都是语法教学的重要内容。词法可进一步分为构词法和词类。构词法讨论不同的词缀，词的转化、派生、合成等内容；词类可以进一步分为静态词和动态词。当然，静态词并不是绝对不变的。例如，形容词有比较级和最高级的变化，名词就有格、数、性等的变化。动态词则主要包括动词以及直接与动词相关的语态、时态、分词、动名词、不定式、情态动词、助动词、虚拟语气、不定式等。

句法可以分为三大部分，即句子成分、句子分类、标点符号。句子成分是指单词、词组或短语在句子中所起的作用或功能，主要包括以下八大类：主语、谓语、宾语、表语、定语、状语、同位语、补足语。依据不同的分类标准，可以将句子分为不同的类型。按句子的用途可以分为陈述句、疑问句、祈使句、感叹句；按句子的结构可以分为简单句、复合句和并列句。句法学习的内容还包括标点符号。此外，词组的分类、功能、不规则动词等也属于句法的学习内容。

2. 章法

学生在学习了一段时间的词法和句法之后，已经掌握了一定的语法基础，此后就要进行章法的学习。章法的教学内容主要涉及句子之间的逻辑关系、篇章的结构逻辑等。表示比较、对照的词组，如 by contrast、by comparison；表示程序的词语，如 first、second、then、finally 等都属于章法的范畴。

英语语法的内容十分繁杂，常会使学生顾此失彼，这也是学生在英语学习和使用中最困难的地方。语法教学应该有一个核心。语法教学的核心也是语法知识和技巧发展的基点，而从词法和句法上看，动词形态变化和主谓基本结构就是英语语法的一个核心和基点。

上述这一观点主张首先抓住核心问题，然后围绕核心问题不断扩展。例如，首先以动词和谓语之间的天然关系为纽带，其次通过谓语拉动与动词相关的一系列动态词法内容，并逐渐扩展到主语、宾语、定语、状语、表语等句子成分与相对静态的名词、形容词、代词、副词、数词等词类的关系，最后发展到对章节以及篇章衔接手法等语法手段的运用。

3. 功能

语法项目，无论单词、短语还是句子，都具有一定的表意功能。不同的句式所具有的表意功能不同，同一种句子也可以具有多种表意功能。语法的功能还表现在句子所传达的言外之意。例如：

Wife：That's the phone.

Husband：I'm in the bathroom.

Wife：OK.

上述对话中“That's the phone.”与“That's a pencil/bag.”所表达的意义不同，这句话其实传递了一种言外之意，即“妻子要求丈夫接电话”，而丈夫的回答“I'm in the bathroom.”并不是简单地告诉妻子说自己在洗浴，而是告诉妻子自己不能接电话，既是拒绝，也是表达一种要求，即让妻子接电话。

总体而言，语法体系不仅涉及不同的词法、句法结构等知识性内容，也涉及功能用法，涵盖内容十分广泛。在具体的英语语法教学中，教师应根据教学目标和学生的具体情况，循序渐进地向学生传授语法内容。

（二）英语语法信息化教学的实践策略

在信息化时代背景下，英语语法教学应灵活采用多种教学方法来教授学生语法知识，从而提高学生的语法能力，培养学生的英语综合能力。

1. 开展互动式教学

互动式教学以社会互动论、人本主义为基础，又称为“互动教学法”或“互动合作学习法”。通过互动式教学，不仅可以改变学生被动接受知识的状态，还能激发学生的学习积极性，提高学生实际运用英语的能力。该教学法主要有以下几种类型。

（1）师生互动

师生关系在课堂上的具体表现就是师生互动，也就是教师和学生利用目的语进行有意义的交际的活动。教师在互动式教学中作为课堂活动的参与者和设计者，不仅要注重对学生自主性和独立性的培养，还要帮助和引导学生在语言实践中习得语法。

传统教学模式下师生的互动往往十分僵硬和刻意。在信息技术的支持下，教师可以通过网络教学系统与学生进行有趣味性的互动，通过问答和游戏等形式开展语法教学。此外，教师也可以设计有趣味性的小游戏让学生进行闯关，增加语法学习的乐趣。在教学中，师生互动具体体现在“问”与“答”上，尤其在“问”的环节中体现得尤为突出。高质量的问题更能有效促进学生的参与意识并激发学生的思维，以及通过问答的环节使学生对语法项目理解得更透彻。

（2）生生互动

生生互动就是让学生通过用英语进行交际来完成预设的学习任务。生生互动也是合作学习的一种形式，其可以将枯燥的语法项目置于生动的语言交际活动中，给学生提供更多的语言交际的实践机会，引导和组织学生运用所学的语法知识进行互动。信息化的教学手段能够帮助学生有效进行交流互动，传统的互动式学习往往因为缺乏监管或者学生的自主学习意识不强而无法得到相应的教学结果。在信息化教学系统的辅助下，教师能够通过系统发布教学任务，学生也能通过系统记录自己小组的语法学习过程，从而提高学习质量。

(3) 人机互动

人机互动是指在语法教学的过程中借助多媒体教室和网络通信技术的交互功能，建立师生合作和生生合作的机制。多媒体课件在英语语法教学中的应用可以实现学生和课件之间的互动。除了与教师之间的互动交流，学生可以更加主动地与课件进行交流。人机交流在语法教学中的应用可以让学生感受到多维刺激，使语法学习不再枯燥无味，有助于提高语法学习的效率，并且为学生自学兴趣和自学习惯的形成和发展提供更广阔的空间。

2. 利用多媒体进行教学

如今，现代化信息技术快速发展，而且普遍应用于英语教学中，并对英语教学产生了重大影响。在语法教学中运用多媒体是指在课堂上利用多媒体计算机演示预先制作好的多媒体教学软件，利用计算机综合处理和控制教学软件中的符号、文字、声音、图像等教学信息，按教学要求和教学进度完成多媒体操作，同时设置学生参与教学活动的教学过程。

多媒体运用于英语语法教学可使学生在不知不觉间将所学的知识转化为能力。其在新课讲授的处理上具有其本身的优势。将多媒体运用在英语语法教学中，可有效打破传统课堂沉闷的氛围，在轻松愉悦的环境中加深学生对语法知识点的理解和记忆。同时，利用多媒体教学可以创设情境、感染学生，增添课堂教学的活力，还能培养学生的自主学习能力和创造能力。

第二节　信息化环境下的英语听说教学策略

一、英语听力与口语概述

（一）英语听力理解

听力理解是指有目的地运用储存在大脑里的原有信息对耳朵接收的新信息进行选择、整理和加工，从而获取新知识的过程。听力理解是一个独立的技能，是一个信息输入、信息处理和信息输出的复杂过程。影响英语听力理解的因素有很多，大致可分为语言因素和非语言因素。语言因素包括语音、语速、语调、语法、词汇量等知识，非语言因素包括传统英语听力教学法、教师素质、教材听力技巧与策略、文化背景知识、心理因素等。听力理解是影响人们获得有效信息和实际效果的最基本要素，也是外语学习、欣赏、交际、应试能力发展的不可忽视的重要因素。听力理解质量的优劣直接影响到学生语言知识的接收、基本技能的训练和用英语进行交际的能力的水平。

听力理解是个极其复杂的过程，它涉及语言、认知、文化、社会知识等各种因素。听力理解的性质包括以下五点。第一，辨认单词并记住与该单词相联系的意义。第二，理解每个单词是如何与语境发生相互作用并为邻近单词的意义创造语境的，理解一个句子中的哪些词语构成主语，哪些构成谓语，并理解指代成分所指称的人或物。第三，既要理解每一个句子在局部上下文中的意义，也要理解该句子在整个语篇的宏观结构中的意义。第四，对语篇的理解涉及两个方面：一是根据语篇的局部语境所提供的知识和背景来理解语篇的内容；二是对语篇中所暗含的人际、空间、时间、因果和意图关系做出推理。第五，对于较长的语篇来说，应至少记住其大意；对于较短的语篇来说，应记住尽可能多的重要内容，特别是与说话者意图相关的内容。

美国认知心理学家约翰·安德森（John Anderson）认为，听力理解包括三个相互联系而又循环往复的过程：感知处理、切分和运用。在感知处理阶段，听者的注意力集中在听力材料本身，并将所听到的声音暂时储存在短时记忆中；在切分阶段，听者将短时记忆中的语音串切分成从句、短语、单词或其他语言单位，并在大脑中以心理表征的方式建构意义；在运用阶段，听者借助语言知识将大脑中的心理表征与已有知识联系起来，从而对听力材料做出正确的理解。① 由此可以清楚地看出，听力理解过程不是简单地对字面信息进行解码的过程，而是输入信息与听者头脑中已有的知识图式相互作用的过程，是一种解码过程与意义重构的有机结合。

一旦学习者已有的知识图式被激活，所输入的信息就能很容易地被理解吸收并融合到已有的知识图式中，产生新的图式，从而能更好地理解和记忆所听的内容。换句话说，听力理解在很大程度上是在学习者大脑中已存储的各种知识图式的基础上进行推测或者信息加工和提取，是听者积极主动地参与语言交际的过程，是一个创造性的过程。

① 王九程．信息化时代高职英语教学研究 [M]．长春：吉林人民出版社，2020.

由于听力理解是多方面因素综合作用的复杂过程，尤其在听较长的篇章时，学生各方面能力的强弱对于听的效果有着直接的影响。教师在平时的听力教学中应该注重培养学生的短期记忆能力、快速阅读能力。短期记忆将帮助听者把听到的内容暂时保留在意识之中，以便全部理解语言。记忆中存储的信息量越大，理解则越充分，听写的效果也就越好。快速阅读则有助于学生在听前快速浏览选择题组，通过浏览找出彼此间的共同点，进行内容预测，这样在听音时方可做到心中有数。快速浏览对于提高听的质量、促进记忆、加深理解起着一定的作用。

（二）英语口语

口语就是口头的语言，是最基本的、最重要的交际工具。英语口语是基本的英语学习内容，英语口语教学一方面要对学生的听说能力加以训练，另一方面更要培养和发展学生语言实际运用的能力。

1. 口语流利性与准确性之间的关系

口语的流利性指的是说英语的流畅程度，反映了学生控制口语节奏的能力。口语的流利性是口语能力的一个要素，此外还有口语的准确性、恰当性、语音语调、词汇等级、句法结构难度等，这些要素共同反映着学生的口语熟练程度，不过它们并不能直接测量学生的语言知识水平，更多的是学生使用语言的一种表现。口语的准确性指的是学生所说的英语内容的正确性，能够反映出学生对语言知识的理解和应用的正确性。

以往的英语口语教学对于准确性的认识比较片面，这主要体现为两点。首先，对于语言的知识和形式方面苛求，没有正确认识到口语准确性的主要方面不在于此，而在于对语言内容的恰当表达。其次，忽视了现实交际中所使用的日常化的、与语法形式不完全符合的口语。以往的英语口语教学中，教师过分关注学生是否使用了正确的语言知识和形式，对于学生口语的表达内容和表达的流利性的关注极为不足，也没有根据当下社会生活的变迁、英语语言的变化，更新口语知识，导致学生英语交际能力的培养受到影响。

口语的流利性和准确性都影响着口语交际，因此，英语教师在口语教学中两者都要重视。当然，在前期教学中，还是要更重视口语的准确性，只有准确地表达出语言知识和形式，才能够传达语言的内涵，完成交际，这是口语技能的基础。不过，英语教师要认识到重视口语的准确性，并不代表要纠正学生口语表达中大大小小乃至细枝末节的错误，这会对学生的自信造成打击。当学生的口语能力达到一定水平之后，英语教师就应当更加重视其流利性，尤其是对于口语较好的学生，应当在课堂教学中为其提供更多的练习口语的机会，并给予其恰当的指导。这类学生的语言知识和口语能力已经达到了能够发现错误并自我纠正的程度，如果教师仍旧过分关注其口语的准确性，就会导致其在进行口语交际时时时刻刻担心语言知识和形式是否正确，以至于缩手缩脚，影响其口语能力的全面发展。

2．口语与书面语之间的关系

口语和书面语有一定的差异，学习起来相对简单。有学者统计过口语和书面语的词汇，其发现，顺畅阅读并理解著名的英语文学作品需掌握的词汇量不能少于一万；顺畅阅读并理解英语报刊需掌握的词汇量不能少于八千。可见书面语对于词汇量的要求之高。而口语往往只需表达生活中的一般主题，词汇量一千便绰绰有余。两者语法上的区别也很明显，口语不必严格遵循语法，句子短小、简单，有很多省略句。相比之下，书面语，尤其是学术性、专业性书籍，会使用大量的长句，句子结构非常复杂。

通过对比可以发现，口语有其独特的易学之处。我们在日常交际中，对于错误的口语表达只要不影响理解就很容易接受，但是书面语中的错误往往使人感到别扭和反感。不过，口语也有其难学之处。口语表达不仅需要一定的词汇量，还需要听和说的能力，否则就会听不懂对方的话，或者自身口语不流利、不准确也会导致交际难以顺利进行。书面语表达可以字斟句酌、查字典、模仿别人的句子，甚至请教师修改，口语交流却是即时性的，不能借助外物。基于这一层面，口语并不比书面语简单。此外，口语表达还受口音的影响。例如，在外籍船舶上，海员来自不同国家和地区，虽然都会讲英语，但各自带有各自家乡的口音。另外，船舶航迹遍及世界各个角落，无法保证所遇到的人都会说一口标准的英语。这无疑会给口头交流带来许多麻烦。

我国学生的英语书面语水平，特别是阅读理解和语法水平，一般要强于口语，而口语与书面语应当是互补的。因此，在英语教学中，教师不应当将两者对立，而是要使学生的口语和书面语相互促进，发挥学生普遍书面语更好的优势，如词汇量大、语法知识水平较高等，采取合适的教学方法，引导学生发现口语和书面语的不同，从而更深入地理解口语知识、提升口语水平。

（三）听力与口语之间的关系

“听”是语言学习中的基础环节，为“说”的前提和起点。若未能掌握“听”，又如何去“说”呢？在语言学习的初期，我们应以听力训练为主，将其视为语言素材的输入阶段，而“说”的训练则视为语言素材的输出阶段。要先进行听力训练，之后才展开“说”的训练。此外，听力训练的比重应更大，尤其在教学初期，英语教师需投入超过一半的时间来培养学生的听力。教师还需运用多样化的方式进行教学，如播放英语听力素材、英语影视片段、以英语为授课语言、进行英语对话等。

教师应遵循循序渐进的原则，由易至难地设定听力训练的难度和内容。例如，最初仅用英语进行日常对话练习，随后运用英语讲解课文以及拓展知识。若条件允许，学校可聘请外教，为学生提供与英语母语者交流的机会，营造良好的英语学习环境。若采取外教课程进行听力强化训练，则不应过早安排外教课程，而是在学生具备一定的听力基础后，适时引入外教课程，激发学生的学习兴趣，帮助他们建立自信。若在初始阶段便安排外教课程，则会使学生因基础薄弱而难以理解外教的教学内容，这不仅会浪费教学资源，还可能挫伤学生英语学习的自信和兴趣。

二、英语听说教学信息化的意义

（一）英语听力教学信息化的意义

1. 深化英语课堂改革，促进教学效果的优化

信息技术的应用推动了英语听力课堂教学改革的深化以及教学效果的优化。在传统的听力课堂教学中，教师只能选用一些常见的、易得的听力材料，并且只能用课上的部分时间进行听力训练，不管是时间上还是内容上都较为有限，信息化教学则突破了这种局限，教师将听力材料上传到班级群或者网络教学平台上，学生可以在课后自行使用，延长了听力训练的时间。此外，教师可以在网络上搜索到丰富的听力材料，因此可以结合学生的听力能力和教学进度来选择合适的听力材料，这样不仅丰富了听力训练的内容，还能够实现个性化教学。同时，教师还应当改变传统的教学形式，使英语听力教学与信息化深入结合，而不是简单地使用信息化辅助教学手段，这样才能够使学生摆脱单一僵化的传统教学形式的束缚，调动学生学习英语的积极性，提升其听力水平。因此，英语听力教学的信息化会推动课堂教学改革的深化，取得更好的教学效果。

2. 顺应教育与教学的发展需要，促进教学的变革

当前，将信息化教学手段融入教育教学过程已逐渐成为教育改革的关键环节，这也是教育和教学领域不断发展的重要方向。英语教学作为教育教学的重要组成部分，同样需要跟随时代步伐，革新教学理念与方法，探索课堂教学新模式。进

一步拓展和深化信息技术在英语听力教学中的应用，既有助于推动英语教学信息化进程，也符合英语听力教学的现实需求。

借助互联网，教师和学生可获取丰富的英语听力教学资源和知识。网络学习作为信息时代的主要学习方式，英语听力课堂教学信息化展现了时代特征，同时也契合当前学生通过网络进行社交和娱乐的喜好。此外，英语听力教学信息化还将学习时间从课堂延伸至课下，将学习空间从教室扩展至网络，促使学生从被动接受知识转变为主动探索学习，有助于培养学生的终身学习能力。

3. 与学生的行为特征相适应，能激发学生的学习热情

随着我国经济的发展和人们生活水平的不断提高，以及信息技术的飞速普及，手机已经成为人们日常生活中不可或缺的一部分。在众多使用者中，学生群体成为智能手机的重要用户。他们不仅利用手机进行沟通交流，还将其作为学习的工具，拓宽了自己的知识领域。尤其是在英语学习方面，智能手机的应用为学生提供了便捷的学习途径，使得英语听力教学得以与学生的行为特征相适应，从而更好地激发他们的学习热情。

英语听力教学的信息化顺应了时代发展的潮流，同时也满足了学生的个性化学习需求。在传统的英语教学中，听力训练受到时间和空间的限制，而智能手机的普及为学生提供了丰富的学习资源，使得他们可以随时随地进行听力练习。此外，通过智能手机上的英语学习软件，学生可以获得个性化的学习推荐，侧面实现因材施教。这不仅有助于提高学生的英语听力水平，还能激发他们学习英语的兴趣和积极性。

在当前的教育环境下，英语教学的发展要求我们必须紧跟时代步伐，充分利用信息技术，将英语听力教学与学生的行为特征相结合。这样，我们才能更好地满足学生的学习需求，培养他们的英语综合能力。为此，我们需要不断探索和创新，以找到更加适合现代学生特点的英语听力教学方法，使他们在信息化的环境中不断提高自己的英语水平。

（二）英语口语教学信息化的意义

1. 能够丰富口语教学资源

传统的英语口语教学中，教师使用的是统一的英语教材，基于教材内容设计和组织教学活动，基于教材内容设计考试内容。但是学生之间具有差异性，有各自不同的学习经历、生活经历以及环境，统一的教材内容无法适应学生差异性的学习需求，统一的教学目标难以覆盖所有学生。英语口语信息化教学可以提供丰

富的口语教学资源，教师可以根据学生学习基础和学习需要选择合适的口语训练材料。教师通过互联网能够搜索到海量的教学资源，但是这些资源良莠不齐，需要教师筛选出形式和内容多样，并且符合口语教学要求、符合学生学习情况的材料并加以使用。

2. 加强教学过程中师生的互动

口语教学不同于词汇和语法的教学，需要学生在交流中训练和提升口语能力。以往的口语教学中，教师和学生的交流多是单向的，即教师说、学生听，只在几个课上提问机会中学生可以说，这种交流显然不够充分。口语教学信息化要求在教学中使用各类信息技术以及网络教学平台，教师可以利用智能机器人组织口语训练，使每个学生都能够参与交流，还可以利用英语趣配音、英语流利说、扇贝口语等练口语的 App 丰富口语训练形式，提升口语教学的趣味性。此外，教师还可以利用网络口语教学平台设置课后训练任务，引导学生积极利用网络口语教学平台练习口语，提升自身口语能力。在英语口语信息化教学中，教师也能够通过网络教学平台和学生进行更多的互动，进而优化口语教学效果。

3. 为学生的自主学习与训练提供便利

口语教学具有极强的应用性，就是为了满足学生用英语交际的需求。在传统的口语课堂教学中，教师只能够在课上有限的时间内，设计几个情境来模拟对话活动。而利用信息化教学技术和平台，学生就可以进行自主学习，自行选择内容和形式进行口语训练。教师应当重点审查网络口语教学平台上口语训练的内容是否正确合理，并以此为基础倡导学生自主学习和训练，这样每个学生都能够根据自身学习基础、针对自身口语的薄弱点，选择自己感兴趣的方式进行口语训练，从而提升口语能力。

三、英语听说教学信息化的实施策略

（一）信息技术辅助听力教学的实施策略

1. 语音分辨能力培养策略

能不能听懂英语听力材料，首先考验的是语音分辨能力，学生要在分辨出语音的基础上，将语音和语义联系在一起，从而分辨出信息。

语音分辨指的不仅是分辨出某个单词，还要感知和分辨整个语言流中的信息。听说能力的培养受到很多因素影响，多数教师和学生重视的是语言基础知识的因素。我们可以发现，听说课堂教学中，教师会花很多时间讲解词汇、语法等知识，这部分知识的确十分重要。但是，语音分辨能力的因素也不容忽视，如果语音分辨能力差，就算词汇、语法知识基础牢固，也很难通过耳朵听懂。我们也能够发现，同样的材料，有些学生虽然听不懂，但是却能够很轻松地看懂，这就是因为其语音分辨能力差。因此，英语教师可以利用信息技术辅助学生语音分辨能力的培养，为学生提供丰富的语音资料，结合不同学生的学习情况提供有针对性的语音训练内容，使学生通过人机交互，重点练习自身语音分辨不足的地方，如反复听多连读的语音听力材料。

例如，thirteen 和 thirty 两个单词的语音分辨。这两个单词重音不同、读音相近，许多学生在听力中很容易将两者混淆。所谓重音，就是单词中读音特别响亮的音节。在双音节词和多音节词中，必有一个音节读得较其他音节重而强，这个音节称为重读音节，其余读得轻而弱的音节称为非重读音节。有的多音节词可能有两个重音，其中一个是主要重音，另一个是次重音，此类单词的发音是学生语音分辨的弱点。

反复的语音听力练习是培养语音分辨能力所必需的。此外，教师还可以利用录音功能，让学生听自己跟读的语音，发现自己的语音与示范语音的差别；还可以利用图片展示相似词汇发音的不同位置，使学生更加直观地了解其发音上的不同，从而提升语音分辨能力。教师也可以提供不同难度和不同语音内容的语音听力材料，供学生结合自己的薄弱之处，选择合适的材料进行人机训练，反复训练对语音语调的分辨能力。

2．对照注释能力培养策略

听力理解的第二步是对照注释。对照注释能力是指学生根据听到的声波辨别出独立的意义单位后，与自己大脑里储存的信息相对照，运用大脑里的词汇意义和语法结构进行注释的能力。

对照注释能力考验的是词汇知识和语法知识，这两部分知识相辅相成，共同影响着学生对照注释能力的培养。教师在听力教学中，需要专门组织对照注释能力训练，在制作幻灯片或者视频课件时，应当对课件中涉及的词汇和语法知识进行拓展讲解，以拓展学生的知识面，学生在后续学习中遇到相关问题时，可以观看以往的有关课件，解决学习问题，从而提高学习效率。部分不善于和教师交流提问的学生，除了通过这种方法，还可以通过人机交互的方法解决学习问题。教师可以在课件中加入视频、音频，丰富课件形式，吸引学生注意力，帮助他们不断积累词汇和语法知识，从而潜移默化地提升其对照注释能力。

3. 领会记忆能力培养策略

领会记忆能力是听力能力中的关键。在进行语音分辨、对照注释之后，还需要进一步加工方可领会话语的内涵和意图。要理解听力材料或者交流中的一句话，不能只看这句话本身，还要前后联系，抓住逻辑关系，尤其是要理解否定句、疑问句等的意思，这考验的就是领会记忆能力。教师在听力教学中，要结合教材内容进行拓展教学，为学生讲解英语国家的文化、风俗和价值体系，以及这些文化因素的表达方式，还有词汇、句子背后的独特文化含义和情感色彩，以帮助学生更准确地领会语义。学生在领会说话内容的完整含义之后，就能够很轻松地记住。在听力教学中，教师除了提供听力材料原文，还要提供相关的背景介绍，以便于学生领会听力材料的含义，并基于此形成记忆，从而对于材料中的某句话形成正确的理解。此外，英语教师还要鼓励学生多阅读英语书籍、多观看英语电影，从而了解使用英语的国家的文化和生活等，拓展学生的知识面。

4. 猜测推理能力培养策略

学生的词汇量终究是有限的，在学习过程中免不了会遇到陌生词汇，这时就要考验学生的猜测推理能力，即结合对听力材料整体语境的理解和自身的知识和生活经验推测陌生词汇的含义。同时，学生也应该能够对未听清以及未听懂的语音和词汇进行猜测推理，从而理解这个词，把握句子和材料的整体含义，因此，学生在听力练习和测试以及现实交际中，不必过分执着于听懂每一个词汇。

教师在利用信息技术开展听力教学时，要注意培养学生的猜测推理能力，可以选择有陌生词汇的听力材料，或者对听力材料中的某个词汇或句子进行模糊处理，使学生根据整体语意猜测陌生词汇或者被模糊掉的词汇、句子的含义，培养其猜测推理能力，使学生能够更好地应对类似问题，正确理解说话者的意图或者听力材料的含义。

（二）信息技术辅助口语训练的实施策略

1. 语音训练策略

语音是口语的基础。教师在口语教学中，首要进行的就是语音训练。英语教师需发挥信息技术的优势，借助单词跟读 App 进行教学，使学生模仿跟读并听自己的发音，从而纠正错误发音，掌握正确发音。但是，交际中口语的语音并不像 App 示范的语音那样标准，会出现连读、弱读等现象，因此教师还应当提供各种各样的英语视频和音频，使学生了解现实中英语口语语音的特点。

教师可以利用网络教学平台中人机对话的功能，使每个学生能够在模拟现实交际的对话中训练自己的语音，丰富语音训练的形式。这样不仅能够激发学生的学习兴趣和主动性，使学生不是像传统口语教学中那样等着被点名，而是积极主动地参与交流、发起对话，还能够使学生在语音练习中调动听、说、视等多个感官系统，促进其全面发展。

学生借助口语练习软件，不仅能够听到正确的语音，还能够输入自己的语音，比较自己的语音和标准语音的不同之处，从而调整自己的语音；也可以与智能机器人或者学习同伴、英语国家的人交流对话，锻炼自己说英语的胆量、练习连贯表达能力、积累口语交际经验。在多样化的语音训练中，学生可以不断纠正自己的语音，减小汉语发音习惯的影响，甚至可以练成地道的伦敦口音，还能够体验真实的英语交际，形成语感。

2. 口语训练策略

英语口语训练包含一连串的环节，需要输入英语语言材料，模仿标准的英语口语表达，分析口语表达中的语音、词汇、语法，分析自己口语表达中的问题，形成正确口语表达的记忆，最终习得英语口语技能。在这一系列环节中，需要充分发挥多媒体英语教学软件和网络平台的优势，并利用这些优势创设口语交际情境，使学生在真实的情境中交流对话。

交流是口语教学的核心。教师要跟踪掌握学生的学习情况，在学生打下知识基础，并且具有基础的交流能力之后，方可进行口语交互练习。交互不仅发生在人与人之间，还可以发生于人与计算机之间，因此进行口语交互练习不仅可以安排学生模拟情境相互交流，还可以让学生进行人机交互的对话练习，从而训练学生的口语能力，尤其后一种方法能够缓解学生开口说英语的羞怯和紧张感，也能够进一步发展口语水平高的学生的高级表达方式。在口语教学课堂上，教师可以安排学生每人一个计算机和耳机，并进行分组，要求每个小组都按照计算机上的图片即兴对话，教师可以通过设备监听每个学生的口语表达，并进行指导。学生通过耳机对话，一定程度上能够避免外界环境的干扰，从而可以更加放松地投入交流中，也能够听到教师有针对性的指导，避免了被教师当众评价的尴尬心理，进而更加积极自主地进行口语练习，提升口语交际能力。

人机交互口语训练包含三种形式：回答问题、口译句子和复述段落。回答问题的口语训练中，既可以设置专题性题目，也可以设置综合性问题，针对的是语言组织能力，以及利用英语口语表达思想观点的能力。口译句子的口语训练中，需先听句子，在规定时间内完成口译，不仅考查词汇和语法等基础知识，还考察短时记忆技能。复述段落的口语训练中，需先听两遍听力材料，再复述一遍，要求具有良好的听力能力和优秀的语言组织能力。对于这一训练，教师在选择材料时要坚持循序渐进的原则，即先选择和教材、日常生活接近的内容，并且句子应结构简单、陌生词汇少，之后再逐渐增加难度，培养学生的口语能力。人机交互训练既可以由计算机系统给学生的口语打分，也可以由教师监听并给予学生有针对性的指导。

教师还可以利用虚拟口语练习室，设置英语国家的特色风景或其他场景，设计多样化的交际情境，安排学生利用虚拟人物、利用自己的语言基础知识和生活经验进行口语交际。学生还能够通过网络和其他同学的虚拟人物在虚拟的情境中进行交流，交流内容由学生自己选择，既可以是生活化的，也可以是天马行空的，从而有效提升学生的口语交际能力。

第三节　信息化环境下的英语阅读教学策略

一、英语阅读教学概述

（一）英语阅读教学的内容

英语阅读教学的任务是培养学生的各种阅读技能，通常包含以下几个方面的内容。

①辨认单词。

②猜测陌生词语。

③理解句子之间的关系。

④理解句子及言语的交际意义。

⑤辨认语篇指示词语。

⑥通过衔接词理解文字各部分之间的意义关系。

⑦从支撑细节中理解主题。

⑧将信息图表化。

⑨确定文章语篇的主要观点或主要信息。

⑩总结文章的主要信息。

⑪培养基本的推理技巧。

⑫培养跳读技巧。

（二）英语阅读教学存在的问题

1. 教学观念较为落后

英语阅读教学中的一个很严重的问题就是教学观念落后。虽然很早就开始倡导英语教学改革，而且一直在实施，但在实际教学中，很多英语教师受传统教学思想的影响，依然保持着陈旧的教学观念。在他们看来，知识的传授是教学的重点，也是他们在教学中的主要任务，所以他们便在教学中一味地讲解生词、逐句逐段分析语篇，然后核对答案，而没有认识到学生才是教学的主体，也忽视了对学生阅读理解能力的培养。阅读是一项重要的语言技能，阅读能力的培养对学生分析、思考和判断能力的提高，以及学生学习兴趣的激发、视野的开阔、语言运用能力的提高、人文素养的培养有重要意义，因此英语教师必须摆脱陈旧的教学观念，接受新的教学思想，以促进英语阅读教学更好地发展。

2. 课程设置不合理

英语阅读教学的课程设置也存在一些问题，具体体现在教材和课程设计两个方面。在不同的学习阶段，使用教材的侧重点有所不同。一般在小学阶段，教材多侧重词汇；在中学阶段，教材开始侧重语法；在大学阶段，教材则多侧重阅读技能的训练，但这三个阶段的教材没有知识内容上的衔接，缺乏必要的过渡。此外，阅读教学的教学目标和计划也不够明确，课时和师资也得不到很好的保证，而这些必然会对英语阅读教学的效果造成严重的影响。

3. 教学重点偏离

在我国阅读教学中，很多教师都没有把握住教学重点。教师没有重点传授文章的整体布局结构给学生，也不对学生的阅读技能进行培养，而是将大部分课堂时间用在阅读材料的细节性讲解上，对所有语言点不分主次、平均用力。这种教学方式将完整流畅的语言肢解为片段教学，忽视了对整体篇章意义的讲解，忽视了语言知识的功能意义及语境对于阅读理解学习的重要性，从而使得很多学生在认识全部单词的情况下仍然无法理解文章的深层意思。这样不仅会使学生的阅读学习变得吃力，久而久之还会使学生对阅读教学产生畏惧心理，进而影响学生阅读能力的提高。

4. 教学模式不合理

目前，学校英语阅读教学主要有两种模式，但是二者都不完善，仍然存在着很大问题。

（1）以学习语言的形式开展阅读的教学模式

以学习语言的形式开展阅读的教学模式认为，阅读课就是学习词汇和语法的课堂，只要能读懂句子，就学会了语篇。在这种教学模式下，阅读课的主要任务是让学生借助教参和字典通览全篇，弄清楚文章的主要脉络和词义、句义。这种教学模式对于学生通过考试有很大帮助，但是它只侧重对文章词汇、固定搭配、重点句型、习语等的掌握，不能引导学生对语篇进行整体掌握，也不能使学生了解文章的写作意图、语篇结构、主题意义等。此外，以学习语言的形式处理阅读的教学模式通常采用传统教学方法，很难启发学生的创造性思维。

（2）以语境和功能为侧重开展阅读的教学模式

以语境和功能为侧重开展阅读的教学模式强调对语义的理解，注重知识面的扩大，以及对语境特征的掌握，但是它对学生基础词汇和语法特征的学习重视不够，不重视基本语言形式的学习。在这种教学模式下，教师通常首先让学生快速阅读语篇，然后对语篇的主题意义、交际目的、语篇结构等展开讨论。而事实上，学生的英语语言水平是不同的，有些学生的基本功并不扎实，还有相当一部分学生在口语表达和写作训练中经常出现词汇拼写、语法等语言形式上的基础失误，因此需要对这种教学模式进行改进。

5. 学生阅读习惯欠佳

不良的阅读习惯也是影响学生效率和质量提高的一个重要因素。常见的影响学生阅读效果的不良阅读习惯主要有以下几种。

（1）指读

有的学生在阅读时为了集中注意力，用手指、铅笔或尺子指着单词，一个词一个词地读。

（2）唇读

有的学生受到朗读习惯的影响，已经建立了书面符号和代表书面符号的声音之间的联系，因此当他们看到阅读材料时，就会不自觉地发出相应的声音来。有的学生虽然不发出声音，但是还是在朗读，有时他们的嘴巴总是在不停地动。

（3）回视

很多学生如果在阅读时碰到单词或句子看不清或看不懂，眼睛就要回视已经读过的词句。

（4）译读

有些学生受汉语思维的影响，常在阅读过程中将所读内容译成汉语。

（5）遇见生词就查字典

在阅读与自己水平相当的文章时，只要学生学会按照上下文的意思进行推测，就完全可以理解文章的意思。而在实际当中，学生一遇到生词就喜欢停下来查字典，生怕出现错误。这样的阅读方式会严重影响阅读速度，还会使自己阅读到的内容支离破碎，很难理解阅读到的信息。

以上这些不良的阅读习惯不仅影响着阅读的速度，还影响着思维的连贯性，因此学生必须改正这些毛病，养成正确的阅读习惯，进而提高阅读效率。

6．学生缺乏背景知识

背景知识指学生掌握的各种知识，包括语言知识本身、文化背景知识和学生已有的各种生活经历与经验。丰富的英语文化背景知识能促进学生英语阅读能力的提高；反之，背景知识的缺乏会造成阅读理解的误解或困难。就目前来看，我国学生普遍缺乏英语文化背景知识，对英语国家的历史、地理、文化等不了解，从而阻碍了英语阅读教学的顺利开展。对此，学生应扩充知识面，展开广泛的阅读，从不同的角度了解英语国家的背景知识，进而提高阅读的准确性。

（三）英语阅读教学的基本原则

在英语阅读教学中，虽然各大院校的学生存在差异、所教授的内容与方法存在差异，但教学原则是需要共同遵守的。当然，信息化背景下的英语阅读教学也不例外。主要包括以下原则。

1．兴趣原则

兴趣是学习的内在动力，它可以激发个人了解或学习某种事物的内在动机，从而将个人的主动性和积极性充分调动起来。在阅读教学中，学生如果自身对阅读感兴趣，那么无论是在课上还是在课下，学生都会集中注意力，积极主动地投入教学活动和自主学习中。因此，对英语教师来说，要想使阅读教学真正取得成效，就必须善于激发学生的兴趣，即采取丰富多样的手段，对教学内容进行适当变化。此外，要有效避免教学活动中的枯燥情绪，以免使学生感觉教学呆板无味。总之，教师要让学生在兴趣的引领下积极参与到教学中。

2．真实原则

真实原则是阅读教学应当遵循的重要原则，具体来说就是要注重阅读目的的真实性。教师应深刻认识阅读教学的目的，并据此来对阅读练习进行多样、丰富的设计，选择合适的教学方法。通常而言，学生的英语阅读目的也是多种多样的，有的是对自身的语言知识进行获取和验证，有的是消遣，有的是批判作者的思想。

因此教师应依据不同的目的来采用相应的教学方法和练习。

3. 循序渐进原则

学生阅读水平的提高是一个循序渐进的过程，不可能一蹴而就。而阅读教学目标的达成是一个总体规划和长远规划的过程，也不可能立马达成。因此，在教学过程中，教师应遵循循序渐进原则，对阅读材料的选择、阅读方法的选择、任务的完成等进行细致周密的考虑，并引导学生寻求最适合自己的学习方法，扎扎实实地学习，最终完成阅读任务，提高阅读水平。

4. 材料适宜原则

在英语阅读教学中，教师要为学生选择和推荐合适的阅读材料，即在选择时充分考虑文章本身的难度、思想性、知识性和多样性。

首先，就阅读材料的难易而言，其难易程度要与学生的水平相适应。影响阅读难易程度的因素有很多，归纳起来主要包括文本因素和读者因素两大类。文本因素包括文本的语言本身、语篇结构、内容的主题、文章中是否含有辅助理解的内容。其中，语言本身是指文章中的词汇是否生僻，句子结构是否复杂；语篇结构是指文本中信息的组织方式是否符合结构规范，结构清晰的文本更易于理解；内容的主题涉及学生是否熟悉该主题，是否在有关的方面存在较大的文化差异；辅助理解的内容则是指文章中是否附有图表等各种有利于阅读理解的视觉辅助内容。读者因素包括读者自身的语言知识、百科知识、语篇知识。

其次，思想性和知识性是指教师在选择阅读材料时要考虑文章内容是否有利于学生的健康成长，是否能传递给学生新的知识。

最后，教师在选择阅读材料时，还要考虑文章的多样性，即要选择多种内容、多种文体的文章让学生阅读。这样才能让学生有机会体验各种内容和文体的阅读过程，认识各种文体的特征，了解更多的专业知识和背景知识。

5. 重视文化背景知识原则

学生在阅读时，不仅需要具备一定的语言基础知识，还要具备该文本所涉及的态度、价值观和共有的经历、对行为方式的期待、达到共同目标的方式等背景知识。一般来说，学生在阅读那些与自身具有相同文化背景的著作时会相对容易一些，这是因为背景知识也是文化的一部分。可见，文本的语境和读者的背景知识会影响阅读理解。如果学生能够掌握一定的背景知识，并通过各种技巧激活这些背景知识，就能够弥补中西方文化中存在的语境空白，理解以英语文化为背景的文本。

因此，英语阅读教学要遵循重视文化背景知识的原则。对教师来说，在备课时要精心选择阅读材料，理解并吃透其中存在的文化语境空白，充当背景知识和文化内涵的传递者，让学生通过一定的渠道了解要处理语篇的文化语境知识，提高学生的阅读理解能力。

二、英语阅读教学信息化的意义

（一）激发学生兴趣

兴趣在任何学科的学习中都十分重要，英语阅读教学也要重视对学生英语阅读兴趣的激发和培养，使学生自主阅读英语材料。

英语阅读教学信息化平台中提供了多样化的阅读学习形式，能够有效激发和调动学生的兴趣和积极性。学生可以在学校的英语阅读教学平台中找到各种内容和形式的阅读材料，还有英语阅读游戏，像闯关升级一样阅读，每一关都有通关奖励，如学习积分、学习金币等，能够用来兑换一些学习用具，并且一关比一关难度高，可以激发学生的挑战欲和动力。在这种游戏性的学习过程中，学生的学习兴趣更强、专注度更高。学生可以在愉快的游戏体验中训练阅读能力，完善知识架构。

（二）开展分层学习

学生的学习情况有一定的差异性，阅读能力不同的学生，阅读同样难度的英语材料，会出现一些学生感到轻轻松松、没有提升，而有些学生感到异常困难、跟不上的情况。英语阅读教学信息化能够集成大量的英语阅读材料和教学资源并分层，每个层次的学生都能够找到对应层次的阅读材料和教学资源，实现“最近发展区”的发展。英语阅读教学信息化的一大优势就在于分层教学，学生能够结合自身基础和兴趣，选择最适合自己的学习方式和内容，实现个性化学习。

互联网中的阅读教学资源虽然丰富，但是也很纷杂、良莠不齐，需要教师精心筛选并进行难度分级，以便不同层次的学生学习。教师还需要根据题材、文体等对阅读材料进行分类，如可分为诗歌、散文、小说等，也可以分为历史题材、爱情题材、科技题材等，以便学生选择自己感兴趣的阅读材料。英语阅读教学信息化平台中会储存教师上传的所有教学资源，以便学生随时观看。由此可见，英语阅读教学信息化的一大优势在于有助于实现分层学习，使所有学生有所发展。

（三）提供远程协助

传统英语阅读课堂中，英语文章会引发学生的思考，课上讨论会激发学生活跃的思维和表达欲望，但是由于课上时间限制，只有少数学生能够发言，并非所有学生的问题都能得到解答。课后学生的自主阅读中往往会遇到一些问题，如陌生词汇，可以在字典或者网络上查找读音和含义，但是一些结构复杂的句子、主旨性句子就不是学生自己可以解决的，也无法及时请教教师。可见，传统的英语阅读教学往往被局限在课堂上，并且大部分学生无法得到教师充分的直接指导。在阅读中所遇到的疑难问题不能及时解决，不仅会导致阅读难以继续，还会影响阅读的兴趣和积极性。英语阅读教学信息化使得学生能够通过信息技术与教师实时沟通，或者在网络上提问，这样英语阅读教学的时间和空间延伸，学生在教师的远程协助下能够得到更好的阅读学习效果。

（四）培养学生良好的阅读习惯

培养学生良好的阅读习惯对学生英语语言思维的正规化、避免“中式英语”的产生、扩充词汇量、巩固语法和词句运用以及为未来英语学习奠定坚实基础具有重要意义。然而，现有英语教材中的有些阅读内容较为陈旧，难以吸引学生的注意力，导致思维跟不上阅读速度，从而使阅读效果大打折扣。培养学生良好的阅读习惯并不是一朝一夕的事情，要从简单的短篇开始，逐步增加难度。教师要认真选择阅读内容，保证阅读内容与学生的阅读能力相匹配，避免学生因读不懂而产生畏难情绪。同时，可充分利用网络资源，搜集涵盖丰富主题的阅读材料。

（五）推动听、说、读协同学习

信息化学习在拓展学生学习领域的同时，也为学生提供了时下热点文章。此外，手机及计算机软件所具备的多样化功能，如拍照翻译、朗诵教学、重点解释等，也为学生的自主阅读学习提供了多重支持。

学生在阅读文章的过程中，可以测试自己的口语和听力能力，扩大词汇量，从多个角度来提高英语学习能力。

（六）提高教学效率

许多教学软件不仅专为学生设计了每日时文，还设置了学生的时文阅读的进度、得分、点评等功能。教师可以据此掌握学生的学习状况，依据实际情况制定适宜的教学策略，既有助于缓解教师的教学压力，又可提升教学的质量及效率。

三、英语阅读教学信息化的实施策略

（一）合理利用网络资源

第一，教师在阅读教学中可以根据教学内容鼓励学生观看相关的英语电影、听相关的英语歌曲，这不仅符合学生的兴趣爱好，还有助于扩大学生的知识面，使学生了解英语国家的文化和生活，也有助于学生推测阅读遇到的陌生词汇的含义。

第二，倡导学生利用英语学习网站学习。互联网中有很多英语学习网站，教师可以选择一些合适的网站供学生自主学习。英语学习网站一般是综合性的，可以供学生进行听说读写等多项训练，培养学生英语应用的综合能力。教师应当倡导学生在这些网站上进行大量的听、读输入练习和说、写输出练习。学生利用英语学习网站能够切实提升自己的英语阅读能力，逐渐建立学习自信，还可以通过网站的社交功能找到共同学习、相互监督的学习伙伴，获得英语阅读学习的乐趣，从而更加积极主动地学习英语。

此外，教师还能够利用微信、QQ 等在任何时间、任何地点与学生交流，解决学生的疑惑，了解学生的学习情况，分享英语学习资源。

（二）加强学生网络协作学习

为了将信息技术运用于英语阅读教学，教师需具备相应的信息技术素养，能根据教学目标和内容，选择适切的信息化教学方法。当前，许多学校在英语阅读教学信息化方面的发展并不尽如人意，这既源于学校层面缺乏英语阅读教学信息化的硬件设施，也与部分英语教师的认识误区有关。许多英语教师对教学资源开发不够重视，将其视为专业技术人员的工作，因此对网络教学课程开发技术缺乏关注和掌握。然而事实上，教师作为网络教学课程开发的主体，应熟练掌握并深入理解教学目标和教学内容，同时还需具备一定的开发技术，而兼具这两点的教师仅为少数。

英语教师对于英语阅读教学的信息化应当坚定信心，在教学实践中落实教学信息化理念，并且不断反思，将信息技术与自身教学过程深入结合。教师要加强与学生的交流互动，师生共同努力探索英语阅读教学信息化的方法。

英语阅读教学信息化不仅改变了教师的教，还改变了学生的学。学生需在课下投入更多时间进行网络协作学习，如搜索与课上教学内容相关的英语国家文化知识，自主进行英语阅读训练，和教师、同学交流讨论等。因此，英语阅读教学信息化必须直面一个问题，怎样使学生在课上的学习任务和压力之下游刃有余地进行课下的网络学习。对于这一问题，教师可以采取以下两种方法。

第一，倡导网络协作学习。网络协作学习的形式多样，包含小组成绩分工法和小组游戏竞赛法等，这些形式有各自的步骤和程序，但其共性在于侧重于合作学习，也就是学生以小组的形式共同学习，不仅要为自己负责，还要对其他成员负责。这种小组并不是完全固定的，而是每单元或者每 4～6 周重组一次，这样学生与学生之间的学习交往就会扩大，激发出更多的合作学习的火花。在信息技术的加持之下，学习小组不仅可以在课堂上交流讨论，还可以在课下突破空间局限，在网络上交流讨论，分别借助网络完成自己的小组分工任务，并在微信群、腾讯会议等 App 上视频讨论，协作完成学习目标。

第二，充分利用网络教学资源进行课前备课，采用多媒体教学方式。

（三）利用信息化资源培养学生的阅读技能

第一，在微信群或者网络教学平台上上传导学案，安排学生进行课前预习，引导学生充分借助网络教学资源，预习词汇和语法知识。新课改重点要求加强学生的自主学习，尤其是网络自主学习。学生可以利用电子词典、英语学习网站、学习论坛等查找导学案中不理解的和缺乏的知识，提前攻克重难点，拓展知识结构。简而言之，教师应重视学生的课前预习，加强学生利用信息化资源预习的能力，将基础知识的教学放到课前。

第二，教师可以自行构建网络英语学习空间，如开发英语学习网站、制作和上传英语教学课件、建设英语学习的微信公众号等，并且要设置和完善基础知识学习和阅读技能训练的版块，以便于学生在课上或者课后自主学习和训练，并及时和教师、同学交流疑难问题。

尽管总体上看只有少数教师掌握了一定的网络资源开发技术，教师自行开发英语学习网站的措施难以大范围推广。但是，在微博、微信公众号上开设专门的英语阅读教学账号并不难，教师可以自行撰写英语阅读的学习方法、词汇和语法的学习方法，发布相关的学习资料，学生可以发布自己的学习经验总结和阅读技巧等。除此之外，教师还可以分享英语国家的文化习俗等方面的背景知识，帮助学生拓展自身知识面，也有助于学生更准确地阅读理解。教师可以在发布一篇英语阅读材料之后，发布与此材料相关的文化背景知识文章，或者针对此材料的阅读心得等。教师也要有意地培养学生的信息素养，如要求学生在网络上搜集某主题的阅读材料，提升学生利用网络资源学习的能力。

展开而言，教师应当在基于微博、微信公众号的阅读教学平台上设置不同的版块，以供不同学习需求的学生选择合适的版块自主学习，如设置语法精讲版块、巧记词汇版块等，促进学生的个性化学习，帮助学生夯实英语词汇和语法知识基础，只有基础牢固才能形成阅读技能。教师应当将这一平台和英语阅读课堂教学全面、深入结合。教师可以根据单元学习的主题，要求学生在网络上搜集与主题相关的英语文章并发布到阅读教学平台的专门版块中，并且要求学生对文章中的陌生词汇、复杂句子和语法知识进行注解。注解工作量大且具有一定难度，单个学生难以胜任，可以采取学习小组的形式，每组十人，组内协商分工完成注解工作，这样也能够使所有学生参与其中。以小组为单位上传英语文章，同时指出文章出处。小组成员协作注解其中的重点知识和难点知识，其他小组可以留言交流、提问。教师则要发挥指导者、组织者的作用，为学生提供及时帮助，并且结合文章和留言，对每个学生作出评价，并对小组作出评价，同时小组成员之间和不同小组之间也要相互评价。这种教学方式，一方面有助于提升学生的基础知识水平、拓展其知识面，另一方面还能够提高学生的参与度、激发其学习兴趣、发展其英语阅读和协作能力。

（四）加强学生的自主阅读学习

英语阅读教学信息化改变了学生的学习方式，学生不再是跟随教师学习，或者按照课本学习，而是基于资源学习，即借助信息化资源进行自主探索完成学习目标。因此，学生从传统英语阅读教学中的被动者成为学习的主动者，教师不再是课堂的主宰者、支配者，而是学生学习的引导者、辅助者。教师为学生的阅读学习创设问题情境或者设计探索任务，学生利用多样化的学习资源开展自主探究学习。这能够帮助每一位学生选择自己感兴趣的学习内容、适合自己的学习方法，在自己方便的时间和地点开展英语阅读学习。由此可见，英语阅读教学信息化要求学生具有足够的自主学习能力。

我们可以发现，每一位学生对于网络教学资源都有自己的偏好和思考，为了充分发挥网络教学资源的作用，教师应当以多样化的方法激发学生学习的兴趣和积极性，加强学生的自主阅读学习。例如，教师利用微博平台进行阅读教学时，可以根据学生兴趣选择相关主题的英语文章，并安排学生自行分组，全面分析英语文章，包括其文化背景、重点词汇和语法，以及合适的阅读技巧等，学生对文章感兴趣就会更加积极地投入阅读分析之中。教师还可以结合社会热点选择阅读材料。除此之外，课上时间有限，教师不应当安排学生利用课上时间查阅与文章相关的文化背景知识，而应当要求学生以小组为单位在课前进行预习和准备，并制作幻灯片，课上安排每个小组派出代表展示幻灯片，这不仅能够有效利用课上时间，还能够促进学生的自主阅读学习，发展学生的小组协作能力，使学生掌握信息时代的学习方法。

（五）注重文化知识的导入

语言不仅是文化的载体，也是文化的表现形式，民族文化在一定程度上制约并影响着语言的产生、发展和变化过程，因此，任何语言包含的人文属性都很深刻，并且都带有所属文化系统的特征，充分体现了其民族的世界观和价值观。二语习得研究发现，一种语言的习得和使用，不仅是学习和使用语言结构本身，而且必须了解这门语言所表现的文化内涵，了解形成和使用这门语言的文化背景和底蕴。

由此可见，学生对文章所涉及的文化背景知识的掌握程度决定了学生对阅读理解的程度。在教授英语阅读课程的过程中，教师不仅要适当地介绍文化背景知识，还要对比分析和讲解文化差异现象，这有助于学生对阅读材料有一个更好的理解，从而更好地激发学生的阅读兴趣。英语阅读材料涵盖的内容十分广泛，包括政治、历史、人文等方面的知识。在教授英语阅读课的过程中，教师通过网络寻找与阅读材料相关的背景知识，以生动有趣的形式帮助学生了解其背后的文化，激发学生的阅读兴趣，这样也对学生正确把握和理解阅读材料起到了一定的帮助作用，从而能够更好地提高英语阅读课堂的教学效率。除此之外，通过视频播放的形式向学生介绍英美等国家的背景知识，这样不仅能够丰富学生的知识，提高学生的能力，还能够拓宽学生的阅读视野。

（六）基于移动学习的英语阅读自主学习

移动学习是在泛在时间、泛在地点，利用移动设备与虚拟的和物理的世界交互发生的个人的、协作的或者混合方式的学习，也包括正规场景，利用移动设备促进个体探究和发展的学习。移动学习具有个性化、互动化、碎片化、多样化的特点。通过移动端，学习者可以根据自己的学习水平和偏好来选择学习内容、学习地点和学习时间。在移动学习中，学习者可以通过移动设备，与教师、同伴或其他学习者进行人人交互，也可以与机器、与平台进行人机交互。通过移动端，学习者可以利用碎片化的时间学习，可自行决定学习时间的长短。无线移动技术的发展可以使图片、声音、动画等多媒体同步呈现，极大地丰富了学习内容，增强了学习兴趣。

市场上的英语语言阅读学习 App 根据学习内容，大致可以分为四类：原著类、新闻类、考级类、教材（辅）类。原著类的学习资源是英文原著小说，相当于传统的书籍阅读；新闻类的学习资源是国内外最新发生的政治经济新闻、科技发明、趣闻逸事等，内容相当于纸质报纸阅读；考级类主要以国内外知名的英语考试为主要内容，学习资源也是与考题直接相关的，作用与传统的练习册相近；教材（辅）类的学习资源主要包括电子化的教材和教材辅助学习软件。教师可向学生传授以下基于移动端的英语阅读学习策略。

1. 运用电子词典

英语阅读学习 App 一般会有内嵌词典，即使没有，可通过“复制”功能调至“有道词典”App 查阅生词、翻译句子。除生词的中文注释外，学习者还应关注生词的发音、音标、例句。

2. 利用中英文对照深化理解

英语阅读学习 App 一般会提供阅读材料或部分阅读材料的中文译文。学习者可根据阅读困难，决定是否或何时参考中文译文，以加强对材料的理解，或检查是否正确理解了材料。

3. 难度匹配，循序渐进

各类英语阅读学习 App 都以不同的形式标记了阅读材料的难度等级。有的 App 是以美国权威的蓝思（Lexile）阅读测评体系为量表，通过对学生阅读能力的科学评估，制定个性化专业阅读任务。在阅读前会有一个初始测试，通过 25 道阅读测试题测量学习者的阅读水平，然后推荐相应等级的书籍。有的 App 则是在初始状态下让用户自己选择学习水平，比如四六级、雅思、托福，然后根据相应等级的词汇量挑选出每篇文章的生词，用户可以自行选择生词过滤的功能。学习者应根据自身现有水平来选择相适的阅读材料，并循序渐进提升阅读水平。

第四节　信息化环境下的英语写作教学策略

一、英语写作教学概述

（一）英语写作教学的内容

1. 结构

确定文章的结构是开展写作的前提，对文章整体表达影响深远。

（1）谋篇布局

谋篇布局是写作的必要前提，写作者可以根据写作目的选择适当的扩展模式。从篇章结构上看，结构是引段—支撑段—结论段。而从段落的结构上看，结构则是主题句—扩展句—结论句。不同题材、体裁的文章，有着不同的布局方式。例如，在议论性文章中，主题句主要用于陈述作者认为正确的观点，扩展句是以说明的顺序扩展细节阐述原因，而结论句则重点用来总结或重述论点。在说明性文章中，主题句主要用来介绍主题，扩展句用来以时间、重要性等顺序扩展细节说明主题，而结论句则是重述主题、描述细节。

（2）完整统一

所谓完整统一是指文章的所有细节如事实、例子、原因等都必须围绕主题展开，做到内容切题，与主题不相关的句子必须删除，同时要保证文章段落的完整性。

（3）和谐连贯

段落中句子的顺序和思路的安排都要具有逻辑性，句子与句子之间要有机地联系在一起，内容需要一环紧扣一环，流畅地展开，使段落成为一个和谐连贯的整体。运用正确且连贯的词或词组，可以把句子与句子有机地联系起来，使行文更加流畅，并能引导读者跟着作者的思路去思考问题。对过渡语的使用一般可以进行"短文填空"的专项训练。需要指出的是，过渡语不可不用，也不可滥用，需要确保结构流畅、简洁，避免冗长、累赘的描述。

2. 句式和选词

英语中比较常见的句型有强调、倒装、省略等，并且每种句式都有着各自不同的变形，这就需要学生进行大量的练习。在写作教学中，教师应该采用"示范"和"讨论"的方式，帮助学生掌握正确的表达方式，增强他们对句式的认知。

选词通常都与个人的喜好有关，所以它也是个人风格的体现。但由于选词也是作者与读者之间的交流方式之一，所以选词还要考虑语域这一因素，如正式用词与非正式用词的选择、褒义词与贬义词的选择等，此外还应考虑角色及读者对象等因素。

3. 拼写和符号

拼写和符号属于学生的基础知识范畴，它主要考查学生的单词拼写能力和标点符号使用能力。尽管拼写和符号都是细节方面的问题，但仍不可被英语写作教学所忽视。

（二）英语写作教学的原则

1. 以学生为主体原则

以学生为主体原则就是在写作教学开展的过程中，以学生为中心，尊重学生的主体性。但要想使学生真正成为学习的主体，首先，要激发学生的学习兴趣，提高学生的学习主动性。使学生成为学习主体的方式有很多种，其中小组讨论就是提高学生主动性的一种有效的方式。其次，教师是否组织、如何组织学生进行小组讨论以及如何对学生的作文做出反馈是写作教学能否成功的关键。教师在小组讨论时可采用多种方式，既可采用提问的方式，也可采用卷入式，如让学生集体回答、让学生读出黑板上的问题等，还可采用学生互助式。总体而言，就是教师在写作教学中要积极调动学生的自主性，引导学生参与其中。

2. 层进原则

层进原则是指英语写作教学要由浅入深、由易到难、循序渐进开展，这是因为学生英语写作能力的提高并不是一蹴而就的，而是有一个逐步提高的过程。也就是说，学生要想提高写作能力，首先要从单词句子的写作抓起，逐步向语篇过渡。在英语写作中，词是最小的单位，词按照一定的规则排列，就组成了句子，人们通过句子传递信息，交流思想。当句子按照逻辑相关性系统排列时，就形成了语篇。因此，针对训练活动而言，所采用的训练也要遵循由易到难的原则。英语写作分阶段教学的具体方案大致分为以下十个阶段。

①写简单句。

②写复合句。

③段落的组成及要点。

④段落的发展方法。

⑤文章的文体类别。

⑥文章的结构。

⑦写作步骤。

⑧写作的书面技术细节与修辞手段。

⑨范文分析和题型仿写。

⑩独立撰写实践。

教师可以根据教学的实施阶段和学生的实际情况灵活安排教学活动。

3. 多样化原则

遵循多样化的教学原则需要做到以下两点。

（1）表达手段的多样化

英语的表达手段十分丰富，同一意义可以使用不同的句型来表达。在写作教学过程中，教师指导学生写作的重要途径是引导学生学习使用不同的句型结构来表达同一意思。这不仅可以弥补学生在语言知识上的不足，而且可以启迪学生的思维，从而可以使学生把知识变成技能，灵活运用语言。

（2）写作文体与训练形式的多样化

从写作文体上看，教师既可以让学生写议论文、记叙文、说明文，也可以让学生写便条、书信、通知等实用文体。

从形式上看，教师既可以让学生用口头作文也可以让学生续写故事，既可以让学生写提纲训练谋篇布局也可以让学生写扩展段训练发散思维。此外，还可以让学生进行扩写、改写、缩写、仿写、情景作文等练习，让学生逐步掌握写作的技巧。具体来说，扩写有助于培养学生的想象力，但应要求学生想象合理，做到符合原意、符合实际。对于改写，可以指导学生将教材中的对话进行改写，这不仅有助于学生研读原文，更有助于学生把握文章的中心思想。当进行缩写练习时，可按照关键词—思考—讨论—复述—动笔这样的思路将课文中的关键词串联起来，然后写出本课的主题或中心思想。而在仿写练习时，可以让学生先仔细观察再临摹，然后自主写作，进而到熟练。情景作文有助于培养学生的综合能力，它要求学生把平时所学的知识点积累、提炼并转化为带有感情色彩的优美的文字语言。可见，每种练习形式都各有其优点，只有多做这方面的练习，才能真正提高学生的写作水平。

4. 重视写前准备原则

坎贝尔（Campbell）认为，写作前有必要进行调研、搜集资料、积累材料、酝酿论点及分析问题等活动[①]。积累写作素材既是重要的写作准备活动，也是培养写作能力的重要手段。为了让学生积累更多的写作素材，以便更好地培养学生的写作能力，教师要鼓励学生在阅读范文的基础上对一些段落、句子、词块等进行背诵。背诵输入有助于克服英语写作中的负迁移，产出地道的英语表达方式。地道的英语是通过一些固定而优美的句型和英语的习惯说法来表达的。学生之间的讨论在写作过程中也具有十分突出的作用。通过讨论，学生可以获得写作的素材。头脑风暴、对话题的讨论、构思等写前活动不仅可以减轻学生的写作负担，而且可以培养学生的写作元认知策略以及学生对写作的积极情感。

① 节娟娟．中国传统文化与大学英语教学的融合与渗透研究[M]．北京：中国大地出版社，2019．

5. 综合性原则

综合性原则也就是与听、说、读相结合的原则，因为写作并不是孤立存在的。英语学习是一个系统的过程，写作只是英语教学的一部分。虽然听、说、读、写各有自己的特点，但在本质上它们之间的关系是相互依赖、相互促进的关系。具体来说，说可以为写奠定基础，而写则是说的发展；把听作为输入的方式来获取写的内容，以写来反映听的结果。通过阅读范文，学生可以获取一系列的写作资源，如语言、观点、篇章结构等资源，这些通过阅读获得的写作资源在一定程度上减轻了学生的写作负担。

二、英语写作教学信息化的意义

英语写作教学信息化指的是教师和学生在信息化环境下，利用信息技术和网络教学资源等开展教和学的活动。英语写作教学信息化是在信息技术的支撑下、现代教育教学理论的指导下实现的，其重视构建新的教学模式，其教学内容与时俱进，并且更加丰富，能够满足信息时代学生的学习需求。英语写作教学信息化强调信息技术与教学的融合，能够推动教学体系改革的不断深化。

信息技术的应用使得英语写作教学全面革新。首先，英语写作教学活动中使用信息技术，使得教师从知识的灌输者转变为学生学习的引导者和辅助者。信息技术改进了英语写作教学的过程。教师采取信息技术能够提高课堂教学的效率，优化教学质量，更好地完成英语写作教学的目标，也能够丰富教学方式、方法，创新教学模式，创造轻松、愉悦、趣味性的学习环境，激发学生的学习热情和积极性，促进学生的自主学习。其次，英语写作教学信息化有助于丰富师生互动方式，深化师生、生生交流，提高学生的参与度，从而提高教学效率。随着信息技术的不断发展和革新，教学的手段变得多样，当下英语写作教学中常用的信息技术主要是多媒体技术和网络技术。教师可以根据教学内容的特点，以及不同信息技术的优势，使信息技术与写作教学更好地结合，例如，借助多媒体技术讲解范文，借助网络技术讲解写作类型等，或者安排学生利用网络教学平台或者微信等交流学习中遇到的疑难问题。英语写作教学信息化必然会促进英语写作教学改革不断深化。

三、英语写作教学信息化的实施策略

（一）多媒体教学辅助英语写作教学

多媒体技术将各种媒介如文字、图片、视频、音频等合为一体，能够调动学生的多种感官，创造出良好的学习环境。网络英语写作教学资料丰富，可供教师使用。英语教师需最大限度地借助多媒体技术讲解英语的词汇、语法等各方面的基础知识，以文字、图片、视频、音频等调动学生的注意力，如借助幻灯片进行英语写作教学。教师可以在幻灯片上展示教学内容，搭配优美的背景音乐带领学生朗读范文，利用趣味动画讲解知识点等，精心设计出生动活泼的写作课堂，摆脱以死记硬背为主的、沉闷乏味的传统课堂。教师借助多媒体辅助英语写作教学，可以激发学生学习的兴趣和积极性，使之更直观地学习知识点，更加积极自主地参与教学过程，进而提高学生的英语写作能力。

（二）网络信息技术在英语写作教学中的广泛应用

从教师层面来说，利用网络信息技术，教师可以对海量的英语写作素材进行筛选，选出那些同学生实际情况相符合的英语写作素材供学生练习使用。待下达写作任务之后，教师可以利用网络对学生的写作情况进行监督，及时对学生的英文作文进行批改。借助于网络信息技术，教师可以轻易地得出学生拼写单词错误的概率以及各种语法使用错误的概率，这样教师就能够一目了然地看出每一名学生的英语写作水平，并能够针对学生英语写作的薄弱环节制订出相应的解决方案。从学生层面来说，网络信息技术可以为学生提供一个简单有效的英语写作学习平台，学生在这个平台中可以相互交流写作心得。学生在利用一个平等、快速、便捷的网络学习平台进行英语学习时会感受到不同于传统英语课堂的气氛，在平等、自由的学习氛围中，学生的英语写作水平必将会快速地得到提升。

（三）利用师生交流平台进行写作辅导

传统英语课堂的时间有限，留给教师讲解写作技巧和方法的时间比较紧张，学生不能有效地学到相关写作知识。教师可以通过建立 QQ 群、QQ 空间、新浪博客等交流平台的方式，针对学生的不同特点，进行个性化写作教学与指导。同时，师生以此方式进行互动，可以针对写作中遇到的问题进行更为及时的沟通，便于问题得到更好的解决，使学生英语写作水平的提高更为效率化。

教师可以在师生交流平台提供优秀作品的中英对照文或者写作范文，这样有助于学生英语写作兴趣的培养和写作技巧的提升。教师还可以在师生交流平台提供已经修正过及点评过的例文，提示学生常见的写作错误以丰富学生的写作经验。

（四）充分利用学生的移动设备进行教学

在课堂上，教师可引导学生使用智能手机等移动设备进行学习，让它们为课程教学服务。教师应积极引导学生更好地利用移动设备实现课堂、课外教学的频繁良性互动，使得学生全程参与教学。

信息技术和网络资源在英语教学中的巧妙运用能够有效推动英语写作教学的发展，但在实际教学中也容易出现教师因过度应用信息技术而导致的“有媒体无教学”现象和因过度依赖信息技术而导致的“无媒体无法教学”现象，这些都会对教学效果产生不利影响。因此在英语教学的信息化改革中，英语教师应当不断更新教育理念与教育技术，努力提高自身的信息素质和应用素养，探索最适合学生的信息化教学模式，让信息技术成为促进学生语言学习、培养学生实践能力的有力工具，使学生在写作的过程中感受到学习的乐趣，真正实现寓教于乐、寓学于乐。

参考文献

[1] 汤海丽．高校英语信息化教学改革与微课教学模式探究 [M]. 北京：冶金工业出版社，2018.

[2] 王冕．高校商务英语信息化教学改革研究 [M]. 长春：吉林出版集团股份有限公司，2022.

[3] 钟泽洲．大学英语信息化教学模式 [M]. 长春：吉林出版集团股份有限公司，2018.

[4] 朱琳．互联网背景下大学英语信息化教学研究 [M]. 北京：北京工业大学出版社，2018.

[5] 侯志荣．信息化时代大学英语混合式教学研究 [M]. 长春：吉林人民出版社，2021.

[6] 孙舒和．商务英语教学与信息化融合研究 [M]. 长春：吉林出版集团股份有限公司，2021.

[7] 魏琴．信息化背景下大学英语教学研究 [M]. 长春：吉林人民出版社，2020.

[8] 孙瑜．信息化背景下高职英语教学改革路径创新研究 [M]. 延吉：延边大学出版社，2022.

[9] 康洁平．信息化背景下高校英语混合式教学模式探索与应用 [M]. 北京：中国书籍出版社，2020.

[10] 莫英．信息化背景下大学英语教学改革与创新思维 [M]. 成都：四川大学出版社，2018.

[11] 张黎黎，黄永新．信息化背景下高校英语教育教学路径探索与创新 [J]. 食品研究与开发，2023，44（10）：239.

[12] 李小凤．高校英语教学翻转课堂的信息化建设初探 [J]. 海外英语，2022（16）：133-134.

[13] 王华丽 . 新媒体时代高校英语教学信息化模式创新研究 [J]. 情报科学，2022，40（8）：50–55.

[14] 庞莹 . 信息化背景下高校英语教学创新研究 [J]. 湖北开放职业学院学报，2022，35（13）：27–28.

[15] 薛娜 . 新时代高校英语教学信息化移动学习的模式构建研究 [J]. 湖北开放职业学院学报，2022，35（11）：168–169.

[16] 黄朝恒 . 简析高校英语翻译课程教学信息化革新路径 [J]. 英语广场，2022（17）：81–84.

[17] 刘亚洁 . 高校英语信息化教学存在的问题及解决措施分析 [J]. 江西电力职业技术学院学报，2022，35（4）：22–23.

[18] 郑如薇 . 基于教育信息化背景下高校英语混合式教学模式研究 [J]. 科学咨询（科技·管理），2021（12）：138–140.

[19] 秦红丽 . 高校英语教学翻转课堂信息化建设探索 [J]. 产业与科技论坛，2021，20（16）：217–218.

[20] 杨君 . 基于信息化背景下的高校英语教学探究 [J]. 科技资讯,2020,18(23)：164–166.

[21] 芦婧 . 职前英语教师的信息化教学能力调查研究 [D]. 上海：华东师范大学，2021.

[22] 李洁 . 信息化教学在高中英语教学中的应用调查研究 [D]. 南昌：江西科技师范大学，2020.

[23] 周雯雯 . 地方师范院校英语师范生信息化教学能力现状及培养策略研究 [D]. 西安：西安外国语大学，2020.

[24] 翟晨君 . 大学英语教师信息化教学能力及影响因素研究 [D]. 济南：山东师范大学，2020.

[25] 林静君 . 高职英语信息化教学优化策略研究：以广东四所高职院校为例 [D]. 桂林：广西师范大学，2018.

[26] 王静 . 我国高校外语教育信息化政策发展研究 [D]. 上海：上海外国语大学，2017.

[27] 高文龙 . 河北省高校英语教师信息化教学能力研究 [D]. 保定：河北大学，2016.

[28] 桂杉杉 . 信息化环境下高职英语教学现状及应用探析 [D]. 武汉：华中师范大学，2015.

[29] 刘长江 . 信息化语境下大学英语课堂生态的失衡与重构 [D]. 上海：上海外国语大学，2013.

[30] 李静 . 教育信息化在高职英语教学中的应用研究 [D]. 兰州：西北师范大学，2007.